DON BOSCO
VERLAG

Die Deutsche Bibliothek – CIP-Einheitsaufnahme

Ein Titeldatensatz für diese Publikation ist
bei Der Deutschen Bibliothek erhältlich.

1. Auflage 2001 / ISBN 3-7698-1239-5
© 2001 Don Bosco Verlag, München
Umschlag und Layout: Margret Russer, München
Umschlagfoto: Christine Wunderl
Satz: undercover, Augsburg
Produktion: Don Bosco Grafischer Betrieb, Ensdorf

Gedruckt auf umweltfreundlichem Papier

Der Herausgeber **Frank Jansen** arbeitet als Referent beim
Verband Katholischer Tageseinrichtungen für Kinder (KTK) –
Bundesverband e.V. und ist Chefredakteur der pädagogischen
Fachzeitschrift „Welt des Kindes".

Kindertageseinrichtungen konkret Strategien für Ihren Erfolg

> **Herausgegeben von Frank Jansen**

Christa Zeller   Don Bosco

Sozial-Sponsoring

> Gewinnbringende Zusammenarbeit
zwischen Kitas und Unternehmen

Inhalt

Vorwort 7

Einleitung 8

Kapitel 1
Warum eine partnerschaftliche Zusammenarbeit mit der Wirtschaft Sinn macht

Gemeinsamkeiten zwischen den Arbeitswelten
Wirtschaft und Soziales 11

Der Einzug der Kundenorientierung in Kindertageseinrichtungen 13

Sponsoring als Wegbereiter in die Öffentlichkeit 15

Kapitel 2
Grundlagen und Voraussetzungen partnerschaftlichen Sponsorships

Sponsoring – was ist das? 18

Kapitalbeschaffung durch Fundraising 18

Sponsoring – ein fester Bestandteil der
Unternehmenskommunikation 23

Ein Querschnitt durch die Sponsoringlandschaft:
Medien-, Kultur-, Sport-, Öko- und Sozial-Sponsoring 24

Sozial-Sponsoring 26

Rechtliche Grundlagen: Sponsoring-Erlass
und gesetzliche Bestimmungen 29

**Sozial-Sponsoring als Weg der Mittelbeschaffung
für Kindertageseinrichtungen** 31

Beispiele für Sponsorships in Kindertagesstätten 31

Motive für ein Sponsoring-Engagement und Vorteile
für das Wirtschaftsunternehmen 35

Motive für die Sponsorensuche und Vorteile
für die soziale Einrichtung   39

Sozial-Sponsoring auf dem Prüfstand – Regeln für
die Zusammenarbeit   42

Klein aber fein – mit dem Mittelstand auf neuen Wegen   44

Kapitel 3
Sieben Schritte zum Sponsoring-Projekt

**Schritt 1: Voraussetzungen für die Partnerschaft –
Basisprozesse in der Kita**   47

Basisprozess Situationsanalyse: Konzepte und
Ziele im eigenen Haus   48

Basisprozess Imagebildung: Corporate Identity   50

Basisprozess Projektarbeit: Nur die gute Idee zieht!   52

Basisprozess Öffentlichkeitsarbeit   53

Schritt 2: Entscheidung für Sozial-Sponsoring   61

Beteiligte am Entscheidungsprozess   61

Sponsoring Agentur – ja oder nein?   62

**Schritt 3: Das Sponsoring-Konzept
als Vorbereitung für die Partnerschaft**   64

Zielbestimmung   64

Leistungsprofil   65

Projektbeschreibung: Wie verkaufen wir unsere Idee?   67

Schritt 4: Partnersuche   69

Auswahlkriterien: Wie finden wir den richtigen Partner?   69

Erste Kontaktaufnahme: Post oder Telefon?   72

Schritt 5: Keine Partnerschaft ohne Vertrag   73

Vertragsverhandlungen und -inhalte   74

Vertragsgestaltung   74

Schritt 6: Realisierung – Jede Partnerschaft braucht Pflege 77
Kontinuierlicher Dialog zwischen den Partnern 77
Zielüberwachung 78
Schritt 7: Erfolgskontrolle 79
Projektanalyse 79
Fehlervermeidung 80

Kapitel 4
Praktische Tipps und Erfahrungen aus Sponsoring-
Projekten in Kindertageseinrichtungen

Anderen über die Schulter geschaut 81
Projekt: Lirum Larum Löffelstiel – ein Kindergarten isst gesund 81
Projekt: Kinderkunstausstellung *Regenbogen-Art*
(Soziales und Wirtschaft – eine starke Partnerschaft) 86
Projekt: Schaufenstergestaltung im Frisörsalon 91
Projekt: Finanzierung einer familientherapeutischen Fachkraft 94
Ideenkatalog für Sponsoring-Partnerschaften 100

Glossar 103
Adressen 105
Literatur 107

Vorwort

Sie möchten Ihr Außengelände umgestalten, einen Abhol- und Bring-Service für Kinder einrichten, Ihre Angebote für Kinder durch eine Computerecke bereichern und so vieles mehr. An Ideen fehlt es Ihnen nicht, dafür aber am Geld. In Zukunft dürfte das kein Problem mehr für Sie sein.

Im vorliegenden Buch von Christa Zeller erfahren Sie, was Sie schon immer über's Geldverdienen wissen wollten – zumindest was das Sponsoring als Instrument der Mittelbeschaffung angeht. Sie können nachlesen, welche Projekte und Ideen in Kindertagesstätten Aussichten haben, gefördert zu werden und wie Sie Ihre Arbeit und Ideen gegenüber Wirtschaftsunternehmen überzeugend vermitteln. Denn die Suche nach Geld lässt sich professionell gestalten. Sie erhalten Antworten auf steuerliche Fragen und Tipps für die Gestaltung von Sponsoring-Verträgen. Und es werden erfolgreiche Sponsoring-Projekte in Kitas vorgestellt, die zeigen, welchen Gewinn die Zusammenarbeit für beide Partner bringt.

Professionell lösen lassen sich auch andere Fragen, die Sie in Ihrem Berufsalltag beschäftigen. Die Reihe „Kindertageseinrichtungen konkret – Strategien für Ihren Erfolg" bietet Ihnen zu den verschiedensten Themen konkrete Tipps und Lösungsvorschläge. Die Inhalte der Bücher sind so aufbereitet, dass sie auf Ihre Praxis übertragbar sind und zum Nachmachen anregen.

Frank Jansen

Einleitung

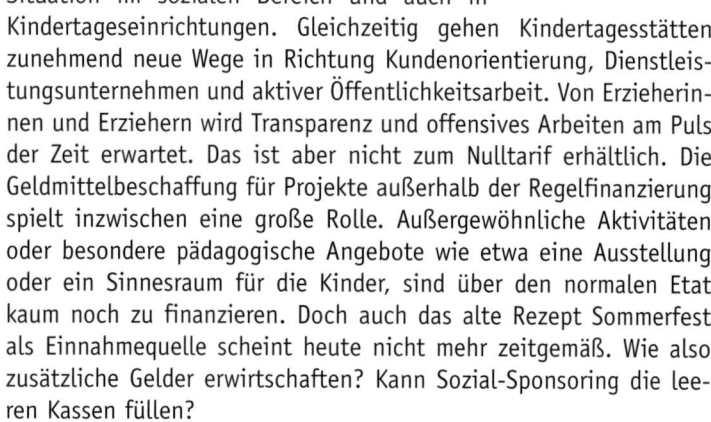

Ressourcenknappheit, Geldmangel und Personaleinsparungen kennzeichnen heute die Situation im sozialen Bereich und auch in Kindertageseinrichtungen. Gleichzeitig gehen Kindertagesstätten zunehmend neue Wege in Richtung Kundenorientierung, Dienstleistungsunternehmen und aktiver Öffentlichkeitsarbeit. Von Erzieherinnen und Erziehern wird Transparenz und offensives Arbeiten am Puls der Zeit erwartet. Das ist aber nicht zum Nulltarif erhältlich. Die Geldmittelbeschaffung für Projekte außerhalb der Regelfinanzierung spielt inzwischen eine große Rolle. Außergewöhnliche Aktivitäten oder besondere pädagogische Angebote wie etwa eine Ausstellung oder ein Sinnesraum für die Kinder, sind über den normalen Etat kaum noch zu finanzieren. Doch auch das alte Rezept Sommerfest als Einnahmequelle scheint heute nicht mehr zeitgemäß. Wie also zusätzliche Gelder erwirtschaften? Kann Sozial-Sponsoring die leeren Kassen füllen?

Sozial-Sponsoring statt Mäzenatentum

Sozial-Sponsoring avancierte in den 80-er Jahren zur Zauberformel gegen den chronischen Geldmangel der öffentlichen Töpfe. Mit Recht löste diese Art der Geldmittelbeschaffung eine Diskussion über Werbung und moralische Werte in Sozialen Einrichtungen aus. Inzwischen hat sich Sozial-Sponsoring etabliert und wird auch für Kindertageseinrichtungen zunehmend interessant.
Kindertageseinrichtungen und Wirtschaftsunternehmen verbindet im Bereich der Spende schon immer eine Tradition. Gerne unterstützt man die Weihnachtstombola mit Sachmitteln oder spendet dem örtlichen Kindergarten die Einnahmen einer Betriebsfeier. Dabei ist die Rollenverteilung allerdings deutlich festgelegt. Die Kindertageseinrichtung ist der dankende Gabenempfänger in der Rolle einer sozial unterstützenswerten Einrichtung und das Unternehmen tritt als wohlwollender Mäzen auf.

Sozial-Sponsoring beruht auf Geben und Nehmen

Sozial-Sponsoring ist keine Spende, die man dankend annehmen kann, sondern es beruht auf klaren vertraglichen Verhältnissen: Es ist ein Geben und Nehmen zweier Partner, eingebunden in rechtliche und ethische Rahmenbedingungen. Dieses Buch plädiert für eine neue Art der Beziehung zwischen Kindertagesstätten und Wirtschaft. Die Neuorientierung des gesamten sozialen Bereiches hin zu einer stärkeren betriebswirtschaftlichen Ausrichtung verändert zunehmend das Bild vom „guten , alten Kindergarten" zu einem modernen, am Kunden orientierten Dienstleistungsunternehmen.
Sozial-Sponsoring bietet die Chance, diese veränderte Haltung mit Inhalt zu füllen und mit Wirtschaftsunternehmen gemeinsam soziale Verantwortung einerseits und soziale Professionalität andererseits in der Öffentlichkeit zu demonstrieren.

Was Sie in diesem Buch finden

Das Buch ist als Arbeitshilfe für die Umsetzung eines Sponsoring-Projektes gedacht. Es enthält vier aufeinander aufbauende Kapitel, die je nach Kenntnisstand der Leserinnen und Leser auch unabhängig voneinander bearbeitet werden können.
Der *erste Kapitel* beleuchtet vergleichbare Ziele und Arbeitsweisen von Wirtschaftsunternehmen und Kindertageseinrichtungen. Dabei werden verbreitete Vorurteile beider Partner wie etwa „Gewinnsucht" oder „Soziale Träumer" kritisch hinterfragt und Berührungsängste aufgezeigt. Klare pädagogische Konzepte, Transparenz der Arbeit und damit verbunden eine professionelle Öffentlichkeitsarbeit bilden die Basis für eine erfolgreiche Partnerschaft.
Das *zweite Kapitel* grenzt zunächst Sponsoring von anderen Wegen des Fundraising ab und definiert die Begrifflichkeiten. Daten und Fakten geben Ihnen einen Einblick in die Welt des Sponsoring. Hier werden theoretische Grundlagen gelegt, rechtliche Voraussetzungen abgeklärt und Sozial-Sponsorings als Instrument für Kindertagesstätten vorgestellt. Motive und Vorteile für beider Partner werden dargelegt sowie die ethischen Rahmenbedingungen geklärt.
Im *dritten Kapitel* finden Sie eine Anleitung in sieben Schritten, um ein Sponsoring-Vorhaben in die Praxis umzusetzen. Basiselemente wie etwa die Situationsanalyse oder Öffentlichkeitsarbeit bilden

dafür die Grundlage. Der Erarbeitung eines Sponsoring-Konzepts folgt die konkrete Partnersuche und danach die Realisierung des Projekts mit anschließender Erfolgskontrolle. Viele praktische Tipps helfen Ihnen, diesen Weg erfolgreich zu gehen.

Das *vierte Kapitel* bietet zunächst einen Ideenkatalog über denkbare Umsetzungsmöglichkeiten und stellt vier erfolgreich durchgeführte Praxisbeispiele vor.

Im *Serviceteil* finden Sie ein Glossar zum Nachschlagen von Fachbegriffen aus dem Marketingbereich, viele nützliche Adressen sowie weiterführende Literaturhinweise.

Dieses Buch ist aus der Praxis entstanden und für die Praxis geschrieben. Es erhebt gewiss nicht den Anspruch einer wissenschaftlichen Erörterung des Themas Sozial-Sponsoring. Vielmehr sind es die positiven Erfahrungen aus dem Projekt *Soziales und Wirtschaft – eine starke Partnerschaft* (im vierten Kapitel beschrieben), die mich zum Schreiben dieses Ratgebers animiert haben. Sicher mag es auch negative Beispiele von ungleichen Partnerschaften geben. Mir ist jedoch die Idee eines gleichberechtigten Miteinanders in den Beziehungen zwischen Betrieben und Kindertagesstätten wichtig, und ich hoffe, mit diesem Buch viele Erzieherinnen und Erzieher für solch einen Weg zu motivieren. Ich wünsche Ihnen viel Erfolg mit dem Instrument Sozial-Sponsoring und würde mich über Rückmeldungen zu erfolgreichen, aber auch zu schwierigen Projekten sehr freuen.

Kapitel 1

Warum eine partnerschaftliche Zusammenarbeit mit der Wirtschaft Sinn macht

Sozial-Sponsoring – eine Zauberformel gegen Geldmangel oder die Vermarktung glücklicher Kinder? Zwischen diesen extremen Einschätzungen ist die ganze Bandbreite vertreten bei der Bewertung eines Instrumentes, das die Beziehung zwischen der Wirtschaft und sozialen Einrichtungen auf eine neue Ebene verlagert. Ganz nüchtern betrachtet ist Sozial-Sponsoring ein modernes Handwerkszeug der Mittelbeschaffung und benötigt wie jedes neue Werkzeug für einen effektiven Einsatz eine verständliche Bedienungsanleitung. Damit diese aber auch richtig verstanden wird, müssen wir zunächst unsere Einstellung zur Wirtschaft hinterfragen und eigene Standpunkte klären.

Gemeinsamkeiten zwischen den Arbeitswelten Wirtschaft und Soziales

Wenn ich im Kreise von Erzieherinnen und Erziehern über eine partnerschaftliche Zusammenarbeit mit Wirtschaftsunternehmen spreche, runzeln sich zunächst einmal sämtliche Stirnfalten der Zuhörer. In den Köpfen entsteht sofort das Bild ungleicher Partner mit der umschriebenen Beziehung von „groß und klein", „stark und schwach". Wenn es Berührungspunkte gab, dann haben Kindergärten die Rolle des dankenden Gabenempfängers eingenommen, das Wirtschaftsunternehmen die des wohlwollenden Mäzens. Sicher wird diese Rollenverteilung weiterhin einen wichtigen Stellenwert in

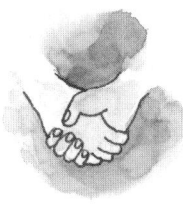

unserer Beziehung zur Wirtschaftswelt haben und sollte keinesfalls negativ bewertet werden – aber eine Ebene der partnerschaftlichen Zusammenarbeit ist dieser Brückenschlag sicher nicht.

Die Bilder von der geldgierigen Wirtschaft und der lieben Basteltante sind überholt.

Die Unterstützung sozialer Arbeit auf geschäftlicher Basis mit beiderseitigem Nutzen zu betreiben, stößt bei vielen Einrichtungen samt ihren Trägern auf große Skepsis. Diese negative Einstellung kommt nicht von ungefähr: Die Briefkästen von Kindertagesstätten quellen über von Produktproben: Kinderzahnpasta, gesunde Zwergenkekse und als neuester Schrei das Angebot einer kompletten Zauberschau, natürlich umsonst, bei der – Simsalabim – ein leckeres Joghurt aus dem Zylinder gezaubert wird. Angesichts solcher Erfahrungen wird die Wirtschaftsschublade in unseren Köpfen eher mit den Attributen geldorientiert, machtbesessen, produktfreundlich und menschenfeindlich besetzt. Aber gerade das ist so nicht richtig. Bei vielen Unternehmen endet die Zielformulierung nicht einfach nur bei der Devise der Gewinnmaximierung! Die meisten Wirtschaftsunternehmen – gerade im mittelständischen Bereich – sind sich ihrer sozialen Verantwortung sehr wohl bewusst und verknüpfen diese nicht automatisch mit marktwirtschaftlichen Zielen. Deshalb sind Zuwendungen auf Spendenebene auch eher üblich.

Aber auch umgekehrt ist das Bild schief! Da gibt es zwei Hauptvarianten, die auch hier die Schublade „Erzieherin" besetzt halten: Gerade in mittelständischen Unternehmen wird der Kindergarten doch noch sehr verklärend gezeichnet. Dort sitzt die „Tante", umringt von einer Kinderschar und bastelt und spielt. Oder es ist die eher sozialkritisch angehauchte „Birkenstock-Schlapperlook-Emanze", die jeglicher Profitorientierung abgeneigt gegenübersteht. In beiden Fällen wird den Erzieherinnen und Erziehern ein projektorientiertes Öffentlichkeitskonzept mit professionellem Charakter eher nicht zugetraut. Es ist also dringend Zeit, die Schubladen in unseren Köpfen einmal gründlich zu entrümpeln.

Sozial-Sponsoring hilft bestehende Vorurteile zu überwinden.

Das Instrument des Sozial-Sponsorings bietet uns die Möglichkeit, mit diesen Vorurteilen aufzuräumen. Als Kindergärten steigen wir sicher nicht in die große Welt des Sponsorings ein. Wir finden jedoch mit kleinen, aber feinen Projekten Partner aus klein- bis mittelständischen Unternehmen, die in unserem Umkreis angesiedelt sind. Da kann vom Frisör über den Ventilatorenhersteller bis hin zum Bioladen alles vertreten sein: Betriebe oder Firmen, die selbst noch wenig bis gar keine Erfahrungen mit Sozial-Sponsoring haben. Gerade hier ergibt sich die Chance, gemeinsam dieses Instrument in kleinen Schritten zu erproben. Gesellschaftliche Verantwortung auf partnerschaftlicher Ebene zu dokumentieren, ist gewinnbringend für beide. Dabei gilt immer die Prämisse, dass sich die Zusammenarbeit auf ein fest überschaubares Projekt bezieht und nicht die Finanzierung öffentlicher Aufgaben ersetzen kann!

Eine starke Partnerschaft wird nur möglich sein, wenn wir uns mit unserem Gegenüber beschäftigen. Die Erkenntnis, dass sich unsere Arbeitswelten zunehmend annähern, stellt die alten Vorurteile auf beiden Seiten in Frage und ordnet die Beziehungsebene neu. Erst auf dieser Basis kann eine partnerschaftliche und gleichberechtigte Zusammenarbeit aufgebaut werden.

Der Einzug der Kundenorientierung in Kindertageseinrichtungen

Zwischen der Organisation einer Kindertagesstätte und der eines Unternehmens gibt es immer mehr Parallelen.

Der Gesellschaftsumbruch in eine digitale und transparente Welt verändert unsere sozialen Einrichtungen ebenso wie die Ansprüche an eine moderne Unternehmensführung. In den 60-er bis 80-er Jahren stand das Thema Rationalisierung noch im Vordergrund. Durch die Globalisierung hat sich der Anspruch an die Wirtschaftswelt radikal verändert. Heute gilt für ein Unternehmen die Maxime eines effektiven Innovationsmanagements. Das heißt, sich dem schnellen Prozess der Veränderung sofort anzupassen zu können. Ob diese Entwicklung gut zu heißen ist, sei hier nicht zur Diskussion gestellt. Tatsache ist aber, dass aus dieser Überlebensstrategie heraus der Mensch als Ideenproduzent und Teamworker wieder eine maßgebliche Rolle im Arbeitsprozess spielt. Teamarbeit, Projektgruppen, Dienstleistungspakete, persönliche Kundenbetreuung, Mitarbeiterpflege und Transparenz von Unternehmenszielen prägen immer mehr die Führungsstile. Ein weiterer wichtiger Faktor ist der zunehmende

Anteil von Frauen in qualifizierten Berufen. Die Wirtschaft kann es sich nicht leisten, auf diese fachkundigen Kräfte zu verzichten und muss sich deshalb auch mit dem Problem der Kinder- und Familienbetreuung auseinander setzen. Denn trotz aller Emanzipationsbestrebungen wird diese in der Regel immer noch vom weiblichen Teil der Familie organisiert.

Der Kunde ist König, das Kind auch.

Die Welt des Unternehmens und die einer Kindertageseinrichtung sind nicht so weit entfernt, wie das noch in vielen Köpfen verankert ist. Für die Wirtschaft ist der Kunde Mittelpunkt aller Unternehmungen. Bei einer Kindertagesstätte ist das Kind mit seinen Eltern die Kundschaft. Auch hier gilt es mit flexiblen Organisationsformen auf die Herausforderung einer rasanten Gesellschaftsveränderung zu reagieren. Die Konsequenz sind Konzepte, die Kindergartenarbeit öffnen, wie zum Beispiel Reggio-Pädagogik oder projektorientiertes Arbeiten. Das Kind steht im Zentrum aller Aktivitäten, aber das gesellschaftliche Umfeld spielt in der pädagogischen Umsetzung einen wesentlichen Faktor und beeinflusst die Rahmenbedingungen einer Kindertagesstätte.

Betriebswirtschaftliche Komponenten sind in Kindertageseinrichtungen keine Fremdwörter mehr.

Kindertagesstätten werden sich zunehmend mit Eltern- sprich Kundenpflege befassen, werden flexible Dienstleistungsmodelle entwickeln, werden mit gezielten Projekten sowohl pädagogische als auch öffentlichkeitswirksame und imagefördernde Arbeit leisten. Mitarbeiterpflege in Form von qualifizierter Teamarbeit gehört bereits zum Alltag einer guten Tageseinrichtung. Auch die Diskussion um die Finanzierbarkeit sozialer Arbeit macht vor der Kindergartentüre nicht halt. Zu heutigen Leitungsaufgaben gehört der Überblick über die Finanzierungsproblematik, neue Finanzierungsmodelle wie eine selbstständige Budgetierung sind eine große Herausforderung für den Kindertagesstättenbereich.
Unsere tägliche Arbeit ist also dem eines Unternehmens gar nicht so unähnlich. Mit Erstaunen wird das auch von Wirtschaftsseite honoriert. Auf die Frage nach den Beweggründen für die Zusage zum Sponsoring meinte Dr. Klaus W. Frink, Geschäftsleitung Personal der

Bürkert GmbH, in einem Interview: „Wir brauchen kreative und flexible Mitarbeiter und Mitarbeiterinnen mit sozialer Kompetenz, die in Projektgruppen konstruktiv arbeiten können. Wir brauchen Leute mit Neugier, die Ideen entwickeln und zielgerichtet umsetzen. Genau das haben wir in diesem bunten und quirligen Projekt erlebt und waren erstaunt solche Elemente in einem Kindergarten wiederzufinden. Es ist ein wahres Unternehmertum, das hier umgesetzt wurde." Das heißt nicht, dass wir maßgeschneiderte Arbeitskräfte formen sollen, sondern es zeigt die Erkenntnis gemeinsame Ziele zu haben. Kreativität, soziale Kompetenz, intelligenter Einsatz von Ressourcen und Innovationsfreude werden die Basis für eine partnerschaftliche Zusammenarbeit sein.

Kindertageseinrichtungen müssen sich künftig dem Wettbewerb stellen.
Wenn wir uns das bewusst machen, fällt es sicher leichter, die weitere Öffnung hin zu einer gemeindeorientierten Dienstleistungseinrichtung nachzuvollziehen. Denn bisher hat unsere bloße Existenz zur Legitimation genügt. Inzwischen stehen soziale Einrichtungen ebenfalls auf dem Prüfstand. Was in einer Unternehmensstruktur als „Controlling" schon lange fester Bestandteil ist, hält in den Kindertageseinrichtungen mit dem Instrument „Qualitätsmanagement" Einzug. Wir müssen uns von dem alten Bild eines wohl behüteten Kindergartens unter dem Dach eines sicheren sozialen Systems verabschieden. Zukünftige Tageseinrichtungen für Kinder werden sich auf einen Wettbewerb einstellen müssen. Überleben wird da nur, wer sich dieser Herausforderung rechtzeitig stellt und keine Angst vor völlig neuen Wegen hat, wie dies Jansen und Wenzel provokativ prognostizieren. „In Zukunft werden jene Erzieher und Erzieherinnen Hochkonjunktur haben ..., für die die Prinzipien der Kundenpflege, Strategien einer offenen Imagekampagne und dienstleistungsorientierte Konzepte keine böhmischen Dörfer mehr sind." (Jansen/Wenzel 2000, S. 9).

Sponsoring als Wegbereiter in die Öffentlichkeit

Viele Kindergärten sind auf dem Weg sich dieser Herausforderung zu stellen, und die Erfahrung zeigt, dass die Neuorientierung der Qualität in den Kindergärten nicht schadet. Im Gegenteil! Es macht

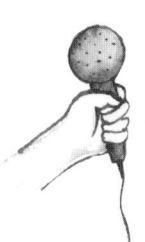

uns stark, wir können mit der gewonnenen Profilierung viel klarer unsere Bedürfnisse einfordern und rücken dem „Basteltanten-Image" bedrohlich zu Leibe! Denn eines muss uns klar sein: „Man kann nicht nicht kommunizieren.", wie es der Kommunikationspsychologe Paul Watzlawik ausdrückt. Schon unsere Existenz ist Öffentlichkeit! Wir leben heute in einer Kommunikationsgesellschaft und das sollten wir für unseren Berufsstand ausnutzen. Denn es bringt uns einer partnerschaftlichen Zusammenarbeit mit der Wirtschaft wieder ein Stück näher.

Wir sind gefordert ein realistisches Bild heutiger Kindergartenarbeit an die Öffentlichkeit weiterzugeben.

An fantasievollen Ideen mangelt es im Allgemeinen in Kindertagesstätten nicht. Ein kunterbuntes Kunstschauspiel, der sinnliche Erlebnisgarten oder Leserattenerlebnisse sind bestens geeignet, unsere pädagogischen Ziele in öffentlichkeitswirksame Projekte umzusetzen. Die Notwendigkeit, mit solchen Aktionen unserer Arbeit Transparenz zu geben, wird kaum noch in Frage gestellt. Woran es bei der Verwirklichung dann hakt, ist leicht auszumachen. Es fehlen finanzielle Mittel, das Know-how einer professionellen PR-Arbeit und die nötigen Beziehungen, um an Entscheidungsträger, so genannte VIPs, heranzukommen. Unsere Kreativität kann uns den Weg in eine nutzbringende Kooperation weisen.

Nicht nur das Geld zählt!

Würden wir nur die monetär zählbaren Werte bei einer Partnerschaft mit einem Wirtschaftsunternehmen festhalten, könnten wir bei unserer alten Beziehung zwischen Spendengeber und dankendem Empfänger bleiben. Richtig spannend und herausfordernd wird das Geschäft erst durch die immateriellen Vorteile, z.B. die gemeinsame PR-Arbeit. Von einem Partner, der Öffentlichkeitsarbeit als Instrument in seinem Unternehmen fest installiert hat, können wir nur lernen. Und dieses Wissen wird erfahrungsgemäß gerne weitergegeben, da die Weitergabe dieses Know-hows das Unternehmen ja nichts direkt kostet, sondern im System mit eingebunden ist. Bereits vorhandene Beziehungen, die ein Unternehmen zur Presse, zu den Schaltstellen in den Verwaltungssystemen oder auch in den politischen Bereichen hat, sind nicht zu unterschätzen. Es öffnen sich plötzlich Türen, die bisher für uns geschlossen waren. Ein Kindergarten z.B. hatte eine klare Absage für eine Kunstausstellung im Rathaus. Mit dem Gewerbesteuer zahlenden Sponsorpartner im Hintergrund war das Vorhaben innerhalb einer Woche möglich geworden! Ein anderes Beispiel: Zur Einladung einer gemeinsam mit dem Sponsor veranstalteten Vernissage kommt die ganze Riege der politischen Prominenz, Persönlichkeiten, die bei früheren Einladungen nie erschienen sind!

Unsere Arbeit bekommt einen höheren Stellenwert und bringt das „Tanten"-Image von Erzieherinnen doch erheblich zum Wanken. Das sind nicht zu unterschätzende Vorteile, die den Wert der finanziellen Zuwendung oft noch übertreffen.

Kapitel 2

Grundlagen und Voraussetzungen partnerschaftlichen Sponsorships

Eine gut funktionierende Partnerschaft basiert immer auf einem gleichgewichtigen Geben und Nehmen. Beim Sponsoring werden die Inhalte der Waagschalen genau definiert und vertraglich festgehalten. Sponsoring ist also ein Geschäft, bei dem beide Partner Leistung und Gegenleistung erbringen. Dabei ist es notwendig, gemeinsame Regeln und klare Definitionen zu haben, die es ermöglichen, die Waage im Gleichgewicht zu halten. Deshalb werden in diesem Kapitel

✳ der Begriff des allgemeinen Sponsoring geklärt, gegen andere Mittelbeschaffungsmethoden abgegrenzt und die rechtliche Situation aufzeigt.

✳ Sozial-Sponsoring für Kindertageseinrichtung fassbar gemacht und kritisch beleuchtet.

Sponsoring – was ist das?

Kapitalbeschaffung durch Fundraising

Zusätzliche Mittel ergänzen staatliche Unterstützungsleistungen.
Es gibt viele Möglichkeiten der Mittelbeschaffung, das hier beschriebene Sponsoring ist nur ein Weg davon. Der aus der USA stammende Begriff Fundraising bringt sämtliche Alternativen unter einen Hut: Mit der Erstellung einer Marketingstrategie wird die Beschaffung von Unterstützungsleistungen professionell geplant. Dabei handelt es sich um Fördermittel, die nicht regelmäßig fließen

Methoden zur Mittelbeschaffung

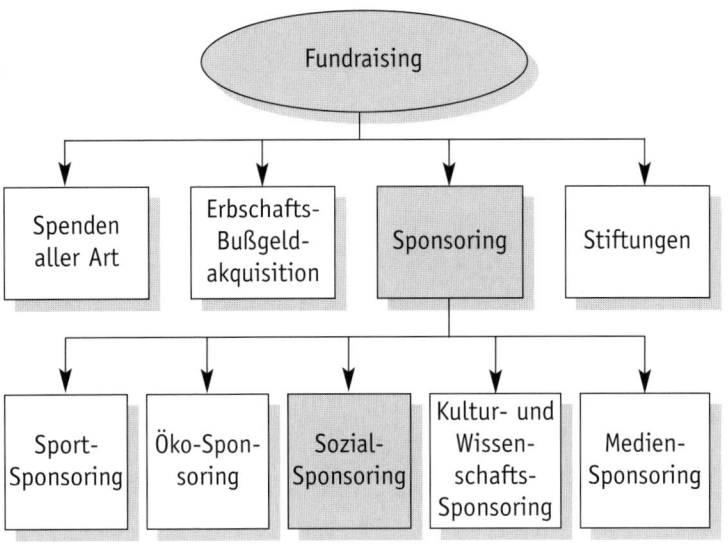

und nicht nach festen Bedingungen vergeben werden. Das Sponsoring ist durch die vertragliche Leistung und Gegenleistung eher ein Grenzbereich, traditionelle Fundraisingmethoden sind Spenden aller Art, aber auch Stiftungsförderungen, Bußgeld- oder Erbschaftsakquisition sowie Förderungen über Kooperationen.

Das Spendenaufkommen in Deutschland liegt bei über zehn Milliarden DM jährlich. Dieser Kuchen ist heiß begehrt, und so verwundert es nicht, dass die Bedeutung von Fundraising für den Non-Profit-Bereich immer mehr zunimmt. Dabei muss klar gesagt werden, dass Fundraising nichts mit Betteln zu tun hat, es geht eher darum, vorhandenes Potential – die Spendenwilligkeit – mit überzeugenden Methoden in die eigenen Kanäle zu lenken. Die Aufgabe einer Fundraiserin oder Fundraisers besteht darin, für Projekte, Initiativen und Non-Profit-Organisationen Mittel zu werben, Kontakte zu Spendern aufzubauen und zu pflegen sowie die Projekte für Sponsoren und Spender transparent zu machen. Nicht alle Arten des Fundraising sind für Kindertagesstätten geeignet, daher werden hier nur relevante Methoden kurz beschrieben (vgl. Haibach 1999).

Bußgeldakquisition

Die Bußgeldakquisition ist ein für uns wenig bekanntes Instrument, das aber durchaus auch für Kindertagesstätten interessant ist. Es bedeutet die Zuweisung von Buß- bzw. Strafgeldern aus den Gerichtskassen. Um in die Liste des sogenannten Bußgeldkataloges eingetragen zu werden, muss die vom Finanzamt bescheinigte Gemeinnützigkeit vorliegen. Beim Amtsgericht kann man zusammen mit der Gemeinnützigkeit und den eigenen Statuten einen formlosen Antrag stellen. Die Verteilung obliegt direkt den Richterinnen und Richtern der einzelnen Verfahren, die die Zuweisung aus diesem Bußgeldkatalog vornehmen. Vielleicht gibt es ja unter der Elternschaft oder über den Träger einen direkten persönlichen Draht – aber auch ein projektbezogenes Anschreiben mit schon vorbereiteten Adressaufklebern des Kindergartens kann seine Wirkung zeigen.

Eine weitere Möglichkeit liegt bei der Einstellung von Delikten nach der Strafprozessordnung (StPO, §153 a). Die Staatsanwaltschaft kann Verfahren mit einer Geldauflage an eine gemeinnützige Einrichtung unter bestimmten Bedingungen einstellen. Auch hier ist der Bußgeldkatalog Grundlage für die Auswahl der bedachten Einrichtung. Dabei ist ein Bezug zum Delikt ausschlaggebend.

Stiftungsförderung

Eine Stiftung hat das Ziel ein Vermögen auf Dauer einem bestimmten Zweck zuzuführen. Als Stifter können Staat, Vereine oder Unternehmen auftreten. Auch hier ist den Kindertageseinrichtungen die Tür keineswegs ganz verschlossen. Bei Förderstiftungen, die für gemeinnützige Zwecke bestimmt sind, könnte sich mit einem passenden Projekt auch für eine Kindertagesstätte eine Tür öffnen. Stiftungen kommen vor allem für Projekte mit Modellcharakter (z.B. Suchtprävention, Integrationsförderung), für Veranstaltungen (z.B. besondere Jubiläen, Tag des Kindes) oder Investitionsvorhaben (z.B. Umbauten, besondere Einrichtungen, Gartenanlagen, außerplanmäßige Personalstellen) in Frage. Um zu erfahren, welche Stiftung für ein Projekt möglich wäre, lohnt es sich bei anderen Vereinen, Kommunalverwaltung und Trägerverbänden nachzufragen, aber auch Tageszeitungen und Fachzeitschriften nach Informationen über Stiftungen zu durchforsten. Ein angeforderter Tätigkeitsbericht oder sonstiges Infomaterial hilft bei der Auswahl, ob das geplante

Vorhaben auch zu den Stiftungsstatuten passt. Für die konkrete Anfrage gelten die gleichen Regeln wie beim Sponsoring. Der beste Ansatz heißt: seine gute Idee mit echter Begeisterung und ohne Bettel- und Jammertöne schmackhaft zu machen *(→ Projektmappe, Seite 67f;* vgl. Haibach 1999, S. 196–199*)*.

Spenden

Für unseren Bereich dient derzeit die Spende noch als Hauptquelle. Im Gegensatz zum Sponsoring gibt der altruistische Mäzen, der Spender, seine Gabe ohne konkret etwas dafür zu erwarten. Dieses Mäzenatentum hat in Deutschland lange Tradition, und viele Zuwendungen dieser Art kommen erst gar nicht in die Öffentlichkeit (manchmal sollen sie auch nicht!). Aber auch hier sollten wir unsere Beziehung neu überdenken, und die Rolle des barmherzigen Empfängers aufgeben um offen und direkt um Spenden anzufragen. Bevor wir demütig auf ein Gießkannenprinzip von oben warten, kann ein gut konzipierter und unkonventioneller Spendenbrief für eine gezielte Aktion Wunder wirken!

- In einem dreimonatigen Projekt „Spielzeugfreier Kindergarten" haben sieben Kindergärten in Ingelfingen gemeinsam ein Öffentlichkeitskonzept entwickelt. Zur finanziellen Unterstützung der öffentlichen Veranstaltungen und der begleitenden Ausstellung haben sie Unternehmen vor Ort direkt mit einer Spendenanfrage angeschrieben. Der finanzielle Rahmen konnte somit gedeckt werden.

Tipps für eine Spendenanfrage

- Peppiger, unkonventioneller Umschlag.
- Sekunden-Hürde nehmen durch ein „Reizwort".
- Direkt und persönlich ansprechen, Namen richtig schreiben.
- Projekt positiv und mit seinem Nutzen darstellen.
- Ein Bild, auch von Kindern gemalt, sagt mehr als Worte.
- Die Geldsumme in direkten Zusammenhang stellen.
- Ein witziges PS wirkt Wunder.
- Ein „Dankeschön" ist selbstverständlich!

Ein *Mix von Sponsoring und Spenden* ist für den sozialen Bereich eine häufig praktizierte Variante, besonders wenn man mehrere Unternehmen als Spender/Sponsoren in ein Projekt miteinbezieht.

Die 7 Ingelfinger Kindergärten
veranstalten ein gemeinsames Projekt.

Spielzeugreduzierter Kindergarten

Ein Projekt zur Suchtprävention und zur Förderung von Lebenskompetenz für Kinder von Mai 1998 bis Juli 1998

Mit einer einjährigen Vorbereitung habe sich die 7 Ingelfinger Kindergärten entschlossen das Projekt „Spielzeugreduzierter Kindergarten", erstmals von der Aktion Jugendschutz mit Münchner Kindergärten durchgeführt, gemeinsam zu wagen. In dieser Zeit wird mit den Kindern zusammen das Spielzeug aus dem Kindergarten ausgeräumt um so Raum und Zeit zu schaffen für elementare Erfahrungen. Die Kinder erleben, wahrscheinlich zum ersten Mal, ganz ohne vorgefertigtes Spielzeug sich intensiv mit sich selbst, mit dem Gegenüber und mit Naturelementen zu befassen und zu spielen. Das bewußte Heraustreten aus einer für uns so selbstverständlichen Konsumwelt soll die Kinder besonders in Ihrer Lebenskompetenz fördern. Das Projekt wurde von den Erzieherinnen intensiv vorbereitet und wird durch mehrere Aktionen begleitet:
• Informationsabend für Träger und Elternbeiräte
• Elternabend mit Fachvorträgern zur Suchtprävention und praktischen Einblicken
• Offene Stunden zum Reinschnuppern in die „leeren Kindergärten"
• Begleitende Dokumentation, die rotierend in den Kindergärten zu sehen ist
• intensivierte Öffentlichkeitsarbeit

Die Vorbereitung und Durchführung dieser Aktion beläuft sich etwa auf 1500 DM. Diesen Betrag können wir nicht alleine aus unserem Etat finanzieren und bitten deshalb um finanzielle Unterstützung. Selbstverständlich wird die Unterstützung auch bei allen Veranstaltungen, wenn erwünscht, erwähnt.

Ein herzliches Dankeschön schon im Voraus

Ihre Ingelfinger Kindergärten

Nicht alle Firmen wollen sich auf eine vertragliche Basis einlassen und geben ihren Beitrag als Spende. Dies sollte auch klar getrennt werden. Allerdings profitieren in diesem Falle der oder die Spender ebenfalls durch die kontinuierliche Öffentlichkeitsarbeit.

Sponsoring – ein fester Bestandteil der Unternehmenskommunikation

„Gesponsert" ist ein inzwischen geläufiger Begriff, bei dem wir eigentlich nicht gleich an ein Geschäft denken. Es kommt uns doch eher die wohlwollende Oma in den Sinn, die ihrem Enkel ein neues Fahrrad „sponsert". Ein Dankeschön ist angebracht – aber zugegeben – das ist keine gleichwertige Gegenleistung!

Mit Blick auf Unterstützungsleistungen hat sich die Philosophie geändert: Das alte Mäzenenatentum implizierte noch die Haltung *Tue Gutes und rede nicht darüber*. Beim Sponsoring dagegen geht es eher darum: *Tue Gutes und lass uns darüber reden*. Während Spenden und Mäzenatentum eine einseitige Unterstützung darstellen, basiert das Sponsoring auf einer geschäftlichen Vereinbarung von zwei Partnern mit Leistung und Gegenleistung.

Bei wirtschaftlich orientierten Unternehmen ist Sponsoring Teil der Marketingstrategie geworden, eingebunden in ihre Unternehmenskommunikation. Marketing bedeutet, „dass ein Unternehmen seine Aktivitäten so ausrichtet, dass Bedürfnisse von Zielgruppen und Märkten beeinflusst und befriedigt werden, um absatzpolitische Ziele zu verwirklichen" (Lang/Haunert 1995, S. 24).

> ### Definition Sponsoring
>
> Sponsoring ist ein öffentlichkeitswirksames Geschäft auf Gegenseitigkeit. Sponsoring bedeutet die Planung, Organisation, Durchführung und Kontrolle sämtlicher Aktivitäten, die mit der Bereitstellung von Geld, Sachmitteln oder Dienstleistungen durch Unternehmen zur Förderung von Personen und/oder Organisationen im sportlichen/kulturellen und/oder sozialen Bereich verbunden sind, um damit gleichzeitig Ziele der Unternehmenskommunikation zu erreichen.
>
> Manfred Bruhn, Sponsoringexperte European Business School

Entstanden ist das Sponsoring aus einer Not heraus. Ende der 80-er Jahre musste die werbetreibende Wirtschaft zunehmend erkennen, dass die reine Produktwerbung mit ihren klassischen Werbemitteln beim Verbraucher eine Sättigungsgrenze erreicht hatte. „Die Deutschen sind werbemüde geworden.", stellte der Werbe- und Sponso-

ringforscher Peter Schwickerath fest. Während 1991 noch die Hälfte der Bundesbürger angaben, gerne Werbung zu sehen, schrumpfte der Anteil der Werbefans bis 1996 auf ein Drittel (Kultschytzki 1999).

Bei einem Kauf stand nun nicht mehr nur das reine Produkt im Vordergrund, sondern das Image und die Bekanntheit einer Marke bzw. des Unternehmen wurden zunehmend ein wichtiger Faktor bei der Entscheidung. Deshalb war es nur konsequent, mit geeigneten Maßnahmen für eine Imageprofilierung zu reagieren. Heute ist Sponsoring neben der Produktwerbung, Öffentlichkeitsarbeit und Verkaufsförderung ein fester Bestandteil im so genannten Kommunikationsmix aller größeren Unternehmen.

> „Sponsoring bedeutet für uns Initiieren zu beiderseitigem Nutzen. Wir verleihen einem Projekt Schwung und begleiten es vor allem in der Startphase. Der Dialog mit dem Partner bringt neue Verbindungen und schafft Netzwerke."
>
> Daimler Chrysler Sponsoring Philosophie, Quelle: www.daimlerchrysler.de

Ein Querschnitt durch die Sponsoringlandschaft: Medien-, Kultur-, Sport-, Öko- und Sozial-Sponsoring

Die Fachwelt unterscheidet fünf große Sponsoring-Bereiche: Sport-, Kultur-, Öko-, Medien- und Sozial-Sponsoring. Das Medien-Sponsoring, bei dem Unternehmen einzelne Programmteile wie z.B. Filme oder das Wetter sponsern, ist ein eigener Bereich, dem hier keine weitere Beachtung geschenkt wird. Die anderen drei werden im Überblick kurz vorgestellt, während das Sozial-Sponsoring im nächsten Abschnitt eingehender betrachtet wird.

Sport-Sponsoring

Das Sport-Sponsoring ist der größte und bekannteste Sponsor-Bereich. Da es hier um große Summen geht, ist dieser Bereich über viele Agenturen professionell ausgebaut. Hier wird auch besonders die sogenannte Mannwerbung, also das Vermarkten von Einzelpersonen gepflegt.

● Die „Ehe" von Steffi Graf und Opel AG bringt einen Jahresumsatz von 2–3 Mill. DM.

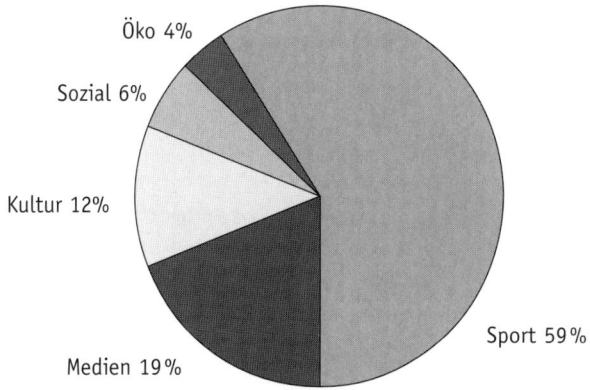

Verteilung der Sponsoringgelder 1999

Öko 4%

Sozial 6%

Kultur 12%

Medien 19%

Sport 59%

- Franz Beckenbauer hat einen lebenslangen Vertrag mit Adidas.
- Die Puma-AG hatte den noch unbekannten Boris Becker unter Sponsoring Vertrag. Nach dem ersten Wimbledon-Sieg gab es einen regelrechten Kaufrausch.

Allerdings sind in diesem Bereich in den letzten Jahren die Preise so enorm hochgeschnellt, dass viele Unternehmen sich zurückziehen. So geht die Tendenz hin zu einzelnen Veranstaltungen im nationalen und internationalen Sportbetrieb. Auch die Fun- und Trendsportarten haben Aufwind.

Kultur- und Wissenschafts-Sponsoring

Der Kultur Sektor ist für ein Sponsoring-Engagement von Unternehmen sehr attraktiv und besonders wirksam im Hinblick auf Imageförderung. Viele kulturelle Veranstaltungen können nur noch durch Sponsorships durchgeführt werden. Hierzu zählen Theater, Musik, Film, Literatur und Bildende Kunst.

- Mustang Bekleidungswerke sponsern beispielsweise die Veranstaltung „Rock am Ring".
- Motorola GmbH tritt als Partner für die Initiative „Kunst im Treppenhaus" auf.

Das Wissenschafts-Sponsoring umschreibt hauptsächlich Initiativen im Hoch- und Schulbereich sowie in der Forschung. Beispiele:

- Professorenstellen für Kultur- und Sportmanagement an der Fachhochschule Heilbronn werden von namhaften Firmen der Region getragen.

- Die Deutsche Bank tritt als Sponsor für „Jugend forscht" auf.
- Ritter Sport hat eine Erlebnisausstellung für Schulen mit dem Titel „Störfall Pythagoras" möglich gemacht.

Öko-Sponsoring

Öko-Sponsoring ist ein boomendes, aber auch sehr heikles Sponsorfeld, da die Glaubwürdigkeit für das ökologische Engagement in der Öffentlichkeit sehr sensibel beurteilt wird. Beispiele:

- ESSO sponsert die WWF Aktion „Rettet den Sibirischen Tiger".
- Becker's Bester GmbH unterhält zusammen mit dem Naturschutzbund Deutschland das Projekt „Obstbäume sind Lebensräume".

Sozial-Sponsoring

Sozial-Sponsoring ist das jüngste Kind in dieser Familie. Im Unterschied zum klassischen Sponsoring steht der Fördergedanke im Vordergrund. Mit der „guten Tat" wird eine kommunikative und werbewirksame Funktion eingekauft, die dem Unternehmen ein imageförderndes, soziales Gesicht geben soll. Mit großen Hoffnungen belegt wurde Sozial-Sponsoring zur „Zauberformel" der 90-er Jahre. Die Wirtschaftsrezession und das sensible Umfeld hat jedoch nicht die erwarteten sprunghaften Zuwächse gebracht. Ein Grund liegt sicher auch in dem Zusammenkommen zweier unterschiedlicher Welten, die aufgrund von klischeehaften Vorurteilen eine Zusammenarbeit erschwert.

Mit zunehmender wirtschaftlicher Eigenverantwortung müssen sich soziale Einrichtungen bisher ungeliebten Finanzierungsfragen stellen. Erfolgreiche Projekte bezeugen, dass der „Verkauf der guten Tat" nichts mit dem Ausverkauf von Werten zu tun haben muss, wenn beide Partner sich aufeinander einlassen und unter Berücksichtigung ethisch fundierter Regeln miteinander kommunizieren. Wird diese Zusammenarbeit ehrlich und glaubwürdig transportiert, bewertet dies der Verbraucher mit deutlichem Wohlwollen: Nach einer Umfrage des Getas Instituts zum Wertewandel in Deutschland liegt bei der Frage, was die Deutschen über das Sponsoring denken, das Öko- und Sozial-Sponsoring deutlich vorne in der Bewertung (Brockes 2/1999, S. 35).

Definition Sozial-Sponsoring

Sozial-Sponsoring ist eine geschäftliche Vereinbarung zweier Partner, von denen der eine aus dem Bereich der Wirtschaft und der andere aus dem Bereich des Sozialen kommt. Es ist eine – zumeist – schriftliche Vereinbarung über Geld- und/oder Sachwerte auf der einen Seite und Werbung auf der anderen.

Evang. Landesverband Tageseinrichtungen für
Kinder in Württemberg e.V., Stuttgart 1996
(Positionspapier „Sozial-Sponsoring – Spendenmarketing – Werbung")

Klein aber fein – ein Überblick über Sponsorships

Obwohl in der Bevölkerung eine breite Akzeptanz des Sozial-Sponsoring gegeben ist, fließen nicht die riesigen Summen wie beispielsweise im Sport. Es sind vor allem überschaubare, aber sehr innovative Projekte, die auch in großen Firmen mit positiver Resonanz bewertet werden. Dabei ist der regionale Bezug ein wichtiger Faktor, denn auch große Unternehmen sponsern über ihre Zweigstellen oder Franchisenehmer. Einige Initiativen von Unternehmen sollen hier einen Einblick in das vielschichtige Spektrum geben.

Nach einer Studie des Marktforschungsinstituts GEM-Getas/WBA von 1998 belegt Daimler Chrysler den ersten, McDonald's den zweiten und Siemens den dritten Platz unter den zehn bekanntesten Sponsoren im Sozialbereich.

● *Daimler Chrysler* unterhält ein eigenes Sponsoring Ressort mit einer klaren Philosophie (Corporate Sponsorship). Ein Projekt zur Integration langzeitarbeitsloser Jugendlicher zusammen mit sozialen Einrichtungen vor Ort hatte in Mannheim, Hoyerswerda und Berlin Erfolg gehabt. Der Verband Deutscher Tafeln hat mit seiner Idee, überschüssiges Essen an Bedürftige weiterzugeben, mit Daimler Chrysler sein Transportproblem gelöst. Das Essen wird in Mercedes-Benz Kleintransportern weitergeleitet (Info unter: www.tafelsponsoring.de).

● Die *„Mc Donald's Kinderhilfe"* genießt mit ihrem Konzept, schwerkranken Kindern psychologische und finanzielle Hilfestellung zu geben, einen hohen Bekanntheitsgrad. Wer kennt nicht den Clown Ronald McDonald. Darüber hinaus werden die Franchisenehmer in dieses Konzept mit einbezogen und engagieren sich im lokalen Umfeld von der Ausstattung eines Kindergartens bis zur Unterstützung eines Behindertenheimes.

● Die *Siemens AG* koordiniert und fördert Projekte zur Wissensvermittlung für Schüler und Lehrer. Diese bundesweit angelegte Aktion unter dem Titel *„Jugend*

und Wissen" ist mit verschiedenen Bausteinen angelegt und hat z.B. mit *K.I.D.S. – Kreativität in die Schule* als Partner das Pädagogische Institut München, den Verein *Lichterkette München – eine Stadt sagt nein e.V.* und viele Schulen (Info: www.siemens.de/knowledge-zone/de/aktionen/index.html).

● Unter der Schirmherrschaft von Doris Schröder-Köpf startete D2 privat *(Mannesmann Mobilfunk)* mit *Off road kids e.V.* ein Präventionsprojekt zum Thema „Straßenkinder in Deutschland", genannt „Buddy Projekt" (Info: www.offroad-kids.de).

● *Mitsubishi* unterstützt Schülerzeitungen.

● Die exklusive *Bruno Banani Underwear GmbH* unterstützt ein Jugendprojekt in der Dominikanischen Republik und wirbt mit weiteren Benefizveranstaltungen für Kinder.

● Die *Lebenshilfe Hohenlohe* bekommt einen Bus von der *Werbegemeinschaft Künzelsau* finanziert, der Bus wirbt als Gegenleistung mit Werbeaufdrucken der Firmen.

Sozialkultur als Bestandteil der Unternehmenspolitik?

In den USA ist die „Sozialkultur" von Unternehmen ein fester Bestandteil der Unternehmenspolitik. Soziale Organisationen müssen die Hälfte ihrer Gesamtkosten selbst erwirtschaften – in Deutschland dagegen liegt diese Summe bei etwa 30 %. Deshalb ist dort die Zusammenarbeit mit Wirtschaftsunternehmen überlebensnotwendig und wird auch von den Verbrauchern erwartet. Aufgrund der starken Anteilnahme der Bevölkerung gibt es sogar regelrechte „Platzierungswettkämpfe". Auch in vielen anderen, besonders in den anglizistischen Ländern ist Sozial-Sponsoring ein alltägliches und allgemein akzeptiertes Kommunikationsinstrument.

Obwohl das Sponsoring-Volumen in Deutschland im letzten Jahrzehnt sprunghaft gestiegen ist, beträgt der Anteil an der gesamten klassischen Mediawerbung von Unternehmen nur etwa drei bis sechs Prozent. Dabei führt das Sozial-Sponsoring weiterhin ein Schattendasein, da die Akzeptanz auf beiden Seiten noch in den Kinderschuhen steckt (Wiese 2/1998, S. 39). Fachleute sehen aber noch Ausbaufähigkeit, gerade weil die Menschen im Zeitalter der Massenkommunikation und Reizüberflutung auch abseits von Werbeblöcken und Anzeigenseiten angesprochen werden sollen, um eine emotionale Bindung zum Unternehmen herzustellen. Trotzdem wird vor zu großer Euphorie gewarnt. Bei einer Befragung von Unternehmen und Agenturen im Herbst 1997 zeigte die Studie des Emnid-Instituts einen leichten Aufwind auch für Sozial-Sponsoring bis 2002. Der Löwenanteil der Gelder fließt aber immer noch im Bereich des Sports.

Das Sponsoring-Klima in Deutschland bis 2002

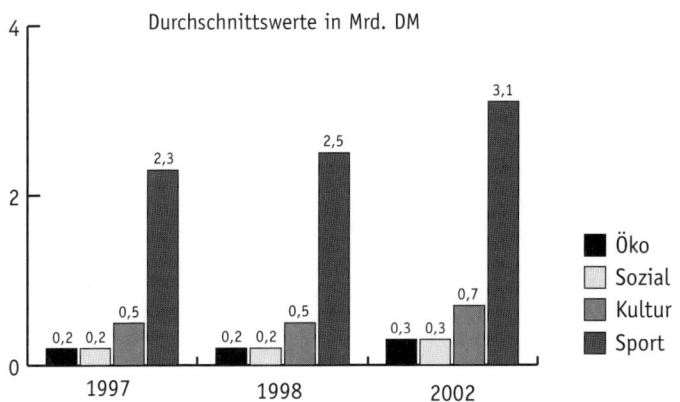

Quelle: Christine Angenendt, Das Sponsoring-Klima 1998

Rechtliche Grundlagen: Sponsoring-Erlass und gesetzliche Bestimmungen

Die rechtliche Behandlung von Sponsoring ist ein wichtiger, aber sehr schwieriger Part, den man bei jeder Art von Sponsorship beachten muss. Im Februar 1998 hat das Bundesfinanzministerium eine lang erwartete, bundeseinheitliche Regelung zum Sponsoring getroffen. In diesem Erlass wird erstmals eine offizielle Definition zugrundegelegt als Einstufung einer vertraglichen Leistung und Gegenleistung und somit eine deutliche Unterscheidung zur Spende getroffen: „Unter Sponsoring wird üblicherweise die Gewährung von Geld oder geldwerten Vorteilen durch Unternehmen zur Förderung von Personen, Gruppen und/oder Organisationen in sportlichen, kulturellen, kirchlichen, wissenschaftlichen, sozialen, ökologischen oder ähnlichen bedeutsamen gesellschaftlichen Bereichen verstanden, mit der regelmäßig auch eigene unternehmensbezogene Ziele der Werbung oder Öffentlichkeitsarbeit verfolgt werden. Leistungen eines

Sponsors beruhen häufig auf einer vertraglichen Vereinbarung zwischen dem Sponsor und dem Empfänger der Leistung (Sponsoring-Vertrag), in dem Art und Umfang der Leistungen des Sponsors und des Empfängers geregelt sind." (Quelle: Ertragssteuerrechtliche Behandlung des Sponsorings; Erörterung mit den obersten Finanzbehörden der Länder in der Sitzung KSt/GewSt/1/98 von 09. bis 11. Februar 1998 – Top 1/18)

Steuerliche Konsequenzen für den Gesponserten bei der Einstufung als wirtschaftlicher Geschäftsbetrieb

Im Gesetzestext wird klar unterschieden, wann eine gemeinnützige Einrichtung, wie es Kindertagesstätten sind, als „wirtschaftlicher Geschäftsbetrieb" eingestuft wird oder nicht. Dann muss sie ab einer Zuwendung von über 60.000 DM Körperschafts- und Gewerbesteuer zahlen.

„Die in Zusammenhang mit dem Sponsoring erhaltenen Leistungen können, wenn der Empfänger eine steuerbegünstigte Körperschaft ist, steuerfreie Einnahmen im ideellen Bereich, steuerfreie Einnahmen aus der Vermögensverwaltung oder *steuerpflichtige Einnahmen eines wirtschaftlichen Geschäftsbetriebes* sein. Die steuerliche Behandlung der Leistungen beim Empfänger hängt grundsätzlich nicht davon ab, wie die entsprechenden Aufwendungen beim leistenden Unternehmen behandelt werden.

Für die Abgrenzung gelten die allgemeinen Grundsätze (vgl. insbesondere zur Abgabenordnung § 67a,Tz 1/9). Danach liegt *kein wirtschaftlicher Geschäftsbetrieb* vor, wenn die steuerbegünstigte Körperschaft dem Sponsor nur die Nutzung ihres Namens zu Werbezwecken in der Weise gestattet, dass der Sponsor selbst zu Werbezwecken oder zur Imagepflege auf seine Leistung an die Körperschaft hinweist. Ein *wirtschaftlicher Geschäftsbetrieb liegt auch dann nicht vor*, wenn der Empfänger der Leistungen z.B. auf Plakaten, Veranstaltungshinweisen, in Ausstellungskatalogen oder in anderer Weise auf die Unterstützung durch einen Sponsor lediglich hinweist. Dieser Hinweis kann unter Verwendung des Namens, Emblems oder Logos des Sponsors, jedoch ohne besondere Hervorhebung erfolgen.

Ein wirtschaftlicher Geschäftsbetrieb liegt dagegen vor, wenn die Körperschaft an den Werbemaßnahmen mitwirkt."

Die vertraglich festgelegte Art der Werbeleistung ist entscheidend für die Steuerpflicht.

Die Einstufung hängt also von der Art der Werbeleistung ab, die vertraglich festgelegt ist. Verteilen Sie z.B. für den Sponsor Werbematerial, so ist das aktive Werbung und fällt unter die Steuerpflicht.

Überlassen Sie dagegen ihrem Sponsor nur ihren Namen und wirbt dieser mit seinem Engagement als Sponsor des „Kindergartens Regenbogen", dann wird damit kein wirtschaftlicher Geschäftsbetrieb begründet. Auch „dezente" Hinweise auf Plakaten, Einladungen etc. fallen nicht unter die Steuerpflicht. Allerdings ist die Einstufung „ohne besondere Hervorhebung" Auslegungssache und wird von den Finanzämtern recht unterschiedlich beurteilt.

Trotzdem sollten wir uns davon nicht abschrecken lassen. Sponsorships für unsere Verhältnisse bewegen sich meist nicht in solchen Größenordnungen, dass die Frage nach der Einstufung als „wirtschaftlicher Geschäftsbetrieb" entscheidend wäre. Sollte dies dennoch der Fall sein, besteht die Möglichkeit der Mischung, des so genannten Spenden Sponsoring Mix. Ratsam ist aber auf jeden Fall, dies zusammen mit Ihrem Träger und dem zuständigen Finanzamt vor Vertragsabschluss abzuklären!

Rechtliche und wirtschaftliche Konsequenzen für das Unternehmen

Für das Unternehmen ist das Sponsoring im Gegensatz zur Spende eine Betriebsausgabe (§ 4 Abs. 4, EStG), wenn die Werbeleistung deutlich erkennbar und vertraglich festgehalten ist (z.B. die Übernahme einer Schirmherrschaft, Pressemitteilungen oder PR in firmeneigenen Publikationen).

Während bei der Spende Teile des Gewinns verwendet werden und diese nur begrenzt absetzbar sind (max. 2 % des Umsatzes zuzüglich der aufgewandten Löhne und Gehälter), können Sponsoringausgaben ohne Obergrenze als Betriebsausgabe verbucht werden, was den finanziellen Spielraum erheblich vergrößert (Weiand 1995).

Sozial-Sponsoring als Weg der Mittelbeschaffung für Kindertageseinrichtungen

Beispiele für Sponsorships in Kindertagesstätten

Die bisher vorgestellten Projekte klingen zwar alle interessant, doch stellt sich die Frage, wo denn da ein Platz für eine Kindertageseinrichtung sein könnte. Große Unternehmen betreiben Sozial-Sponsoring oft mit eigeninitiierten Aktionen, und bei einige Beispielen spielen auch Kindergärten eine Rolle:

- Ein stimmiges Sponsorship ist die seit über 40 Jahren bestehende Ehe zwischen *Nivea (Beiersdorf)* und der *Deutschen Lebensrettungsgesellschaft* (DLRG), die mit einzelnen Projekten immer wieder an die Öffentlichkeit treten. Allein die 500.000 Mitglieder garantieren schon eine Breitenwirkung. Das neueste Projekt ist eine Kindergartenkampagne „Mehr Sicherheit für unsere Kinder im und am Wasser". Zusammen mit Erzieherinnen und Ausbildern der DLRG wurde ein Paket konzipiert, das von der Elternarbeit (Anschreiben, durchgeplanter Elternabend) über die mögliche Pressearbeit bis hin zum genauen Ablauf des „Aktionstages" im Kindergarten mit ausgebildeten Fachkräften alles enthält. Kindergärten können sich kostenlos für dieses Projekt anmelden (→ *Adresse im Serviceteil, Seite 105*).

- Mit einer gezielten Aktion hat die *Beiersdorf AG* mit ihrer Marke *Tesa* ihr Image in den neuen Bundesländern aufgebaut und Kontakte hergestellt. So wurden 1995 mit dem Slogan „Do it yourself – Hilfe zur Selbsthilfe" 200 Kitas in Sachsen renoviert. Dabei übernahm Tesa nicht nur die Kosten, sondern auch die Organisation der Maßnahme, die Betreuung vor Ort, die Pressearbeit und einen Empfang für 500 Gäste. Als Gegenleistung wurde die aktive Mitarbeit (z.B. der Eltern), die Kontaktherstellung zur politischen Ebene sowie die Erstellung der Gästeliste für den Empfang festgehalten.

- *Daimler Benz* fördert zusammen mit der *Deutschen Verkehrswacht (DVW)* bereits seit 19 Jahren die Verkehrserziehung „Vorschulparlamente". Auch hier werden Aktionen in Kindergärten angeboten.

- Der *Deutsche Kinderschutzbund DKSB* machte in Zusammenarbeit mit dem Unternehmen *Milkana* 1997 Schlagzeilen mit seiner Aktion: „Kinder brauchen Kindergärten – Kindergarten zu gewinnen" Mit den Ratschlägen des *DKSB* wurden zehn Voraussetzungen für einen zukunftsorientierten Kindergarten festgelegt. Gewinnen konnten alle Gemeinden über 3000 Einwohner. Die Gemeinde, für die die meisten Teilnahmekarten in Relation zu ihren Einwohnerzahl eingesandt wurden und die die zehn Vorraussetzungen des zukunftsorientierten Kindergartens gewährleisten konnte, erhielt den Grundbetrag von 450.000 DM. Mehr als 280.000 Teilnahmenkarten aus 1000 Gemeinden gingen ein. Den Zuschlag erhielt im Dezember 1997 die bayrische Gemeinde Steyerberg.

Professionelle Sponsorensuche betreiben bisher nur große Non-Profit-Organisationen. Trägerverbände wie die Diakonie haben noch in den 90-er Jahren mit einem Rundschreiben an ihre Kindertagesstätten ihre Skepsis gegenüber der neuen Finanzquelle ausgedrückt – heute ist es zumindest auf der Führungsebene ein aktuell diskutiertes Thema (Kottnik/Hunold 4/2000, S. 10ff). Allerdings gibt es nach wie vor für den Kindertagesstättenbereich wenig bis gar keine Hilfestellung seitens der Trägerverbände. Trotzdem reiht sich das Thema langsam mit in die Fortbildungsangebote ein, so dass es inzwischen doch ein breiteres Forum bei Erzieherinnen und Erziehern bekommt.

Gründe für die Zurückhaltung gegenüber Sozial-Sponsoring

Ein aktives Angebot, ausgehend von einer Kindertagesstätte an ein Unternehmen, ist aber immer noch die Ausnahme. Diese Zurückhaltung begründet sich aus folgenden Motiven:

✳ Bedenken, dem potenziellen Partner auf der persönlichen oder professioneller Ebene nicht gewachsen zu sein *(→ Berührungsängste, siehe unten)*.

✳ Die Befürchtung, die Anforderungen eines Öffentlichkeitsprojektes mit allen Kommunikationselementen personell und fachlich nicht leisten zu können *(→ Basisprozess Öffentlichkeitsarbeit, Seite 53ff)*.

✳ Die Furcht, durch Einbindung von Werbemaßnahmen die Unabhängigkeit zu verlieren und unter einen negativen moralischen Einfluss zu geraten *(→ Sozial-Sponsoring auf dem Prüfstand, Regeln für die Zusammenarbeit, Seite 42ff)*.

✳ Die Sorge, mit Sponsoringprojekten weiteren finanziellen Kürzungen von öffentlicher Seite Vorschub zu leisten. *(→ Keine Basisfinanzierung durch Sozial-Sponsoring, Seite 43)*.

✳ Die Angst, vor lauter „Öffentlichkeitskult" die Bedürfnisse der Kinder zu vernachlässigen. *(→ Basisprozess Situationsanalyse, Seite 48)*.

Sozial-Sponsoring ist keine Wunderwaffe gegen leere Kassen.

Sozial-Sponsoring ist weder eine Wunderwaffe gegen leere Kassen noch unmoralischer Einzug schleichender Werbung, sondern ein Geschäft, bei dem beide Partner die Bedingungen festlegen. Bei einer Spende kann der moralische Druck, sich „erkenntlich" zu zeigen, auch zu Werbemaßnahmen führen. Da ist es für beide Seiten ehrlicher, die Bedingungen offen zu diskutieren. Wenn eine Kindertageseinrichtung bereit ist, klischeehaftes Denken aufzugeben und sich im Vorfeld ernsthaft mit den genannten Bedenken auseinander setzt, kann solch eine Partnerschaft gewinnbringend für beide sein.

Berührungsängste hat nicht nur die soziale Seite.

Das Verhältnis zwischen Kindertagesstätten und Wirtschaftsunternehmen basierte bisher, wie im ersten Kapitel beschrieben, nicht auf einer partnerschaftlichen Basis. Es prallen zwei gegensätzliche Welten aufeinander, die von der unterschiedlichen Sprache („Kundenorientierung" versus „Elternarbeit") und ungleicher „Denke" bis hin zu divergierenden Verhaltensweisen geprägt sind. Scheinbare Nebensächlichkeiten wie Umgangsformen und Kleidung spielen beim Auftreten eine wichtige Rolle. Gerade auf der sozialen Seite ist das unklare Selbstverständnis des eigenen Status und das damit verbundene fehlende Selbstbewusstsein eine Hemmschwelle.

> „Unsere Mitarbeiter hatten zu Beginn große Schwierigkeiten, mit den Leuten aus der Wirtschaft umzugehen. Während zum ersten Treffen noch die alten Konfirmationsanzüge angelegt wurden und die Mitglieder des Fördervereins betont leger in Jeans erschienen, sind die Berührungsängste heute verschwunden."
>
> Willi Großmann, Geschäftsführer des Jugend- und Kulturzentrums Berlin-Kreuzberg. (Quelle: SPI: „Positionen zum Sozial-Sponsoring", S. 29.)

Aber der anderen Seite geht es ebenso. Prägen bei den ersten Kontakten noch alte Vorurteile von planlosen Träumern und Systemveränderern das Bild, so ändert sich dies bei einer klar definierten Partnerschaft recht schnell.

Zur Überwindung der Hemmschwellen sind zwei Grundvoraussetzungen notwendig:

● eine fachlich gute Vorbereitung,

● eine grundsätzliche Offenheit, ohne sich dabei zu verstellen.

Unser Gegenüber ist schließlich auch ein Mensch. Wenn tatsächlich ein „Patzer" passiert, so sollte man damit offen umgehen. Fehler sind menschlich, und ein Mensch mit Fehlern ist sympathischer als jemand, der meint er hätte keine! Allerdings bedeutet Offenheit auch, sich mit der anderen Denkweise auseinander zu setzen. Akzeptieren wir, dass unser Wirtschaftssystem nur funktionieren kann, wenn Gewinne erzielt werden. An einem – wenn auch kleinem Teil dieses Gewinnes wollen wir ja teilhaben, und zwar als Partner und nicht als Bittsteller.

● „Bei meinem ersten Anruf in einem großen Unternehmen bin ich davon ausgegangen, die Nummer des Sekretariats gewählt zu haben. Ich wusste nicht, dass es die direkte Durchwahlnummer zur Geschäftsleitung war und habe vor lauter Schreck, den Chef persönlich am Apparat zu haben, wieder aufgelegt. Beim zweiten Anlauf war dieses „Missgeschick" Grund zum Lachen, und es wurde ein sympathisches und effektives Gespräch." (Christa Zeller)

Sponsoring bringt beiden Partnern Vorteile.

Erfolgreich kann die Annäherung zwischen beiden Sponsoring-Partnern nur sein, wenn man die Beweggründe des Anderen kennt und auch akzeptiert. Sicher werden bei kleineren Projekten, die bei einer Kindertageseinrichtung die Regel bleiben, nicht alle Ziele erreicht, aber es ist elementare Voraussetzung, sich mit den Motiven von Werbestrategien auseinander zu setzen. Nur so können wir den zweiten Schritt der kritischen Beurteilung gehen, um konkret für den eigenen Fall abwägen zu können und die Vorteile dann auch gezielt einzusetzen. Ein Beispiel macht dies deutlich:

● Die Bäckerei als Familienbetrieb um die Ecke braucht keine Motivation der eigenen Leute. Die Konkurrenz in einem neuen Supermarkt macht es aber notwendig, dass sie ihre Kunden weiterhin an sich bindet. Hier wäre ein guter Ansatz für Sozial-Sponsoring. Mit dem Projekt „Gesundes Frühstück", bei dem die Bäckerei einmal die Woche Sachwerte wie Brot oder Brötchen liefert und als Gegenleistung diese Aktion in der lokalen Presse, mit Plakaten, im Schaufenster und im Kindergarten bewirbt, erreicht der Betrieb eine direkte Zielgruppe wie Eltern und Kinder, aber auch alte und potenzielle Kunden. Durch den Imagezuwachs in Richtung sozialer und regionaler Verantwortung setzt sich die Bäckerei auch gegenüber der Supermarktbäckerei ab, nach der Devise: „Die tun was für unsere Kinder."

Motive für ein Sponsoring-Engagement und Vorteile für das Wirtschaftsunternehmen

Für ein Wirtschaftsunternehmen gibt es klare Zielwerte, die durch Sponsoring erreicht werden sollen. Aber gerade im Sozialbereich wäre es zu einfach, die Motivgrundlage auf den Spruch „harte Mark gegen Werbung" zu reduzieren. Die Intentionen sind wesentlich vielschichtiger. Sie sind zum einen auf eine „Außenwirkung" gerichtet und sollen zum anderen auch die interne Unternehmenskommunikation positiv beeinflussen.

Erhöhung des Bekanntheitsgrades

Ein Unternehmen muss sich auf dem eng umworbenen Markt behaupten und durchsetzen. Je öfter sein Name oder der Artikel genannt wird, desto höher ist der Erinnerungswert. Diese Erinnerung knüpft sich in unserem Gedächtnis an ein Bild, einen Werbespruch, eine Aktion. Nachhaltiger als die Medienwerbung, die man wegzappt oder überblättert, wirken positive Ereignisse. Für kleinere Betriebe kann es durchaus effektiver sein, den Firmennamen über eine

Zusammenarbeit mit längerfristigem Erinnerungswert zu verbreiten als über eine kurzfristige und
teure Zeitungskampagne.

Imagepflege, Imageverbesserung und Sympathietransfer

Besonders bei Massenartikeln mit hoher Konkurrenz spielt das Image und der Sympathiewert einer Marke bzw. des Unternehmens bei den Verbrauchern eine wichtige Rolle. Deshalb ist die Imagepflege ein wesentlicher Bestandteil der Unternehmenskommunikation. Die Unternehmensphilosophie sollte sich wie ein roter Faden durch das ganze Erscheinungsbild ziehen (→ *Basisprozess Imagebildung: Corporate Identity, Seite 50ff)*.

Die Absicht, mit Sozial-Sponsoring-Projekten ein positives Image durch Profilierung auf dem sozialen Sektor zu festigen und zu verstärken, liegt auf der Hand. Fast jedes Unternehmen hat in seinen Leitsätzen soziale Aspekte verankert. Mit einem passenden Projekt wird so der Philosophie mit Taten Inhalt gegeben und diese glaubwürdig verankert. Ebenso wirkungsvoll ist aber auch die emotionale Übertragung des sympathischen und menschlichen Images einer sozialen Einrichtung auf ein Unternehmen durch eine gelungene Partnerschaft. Besonders Kinder wirken als hervorragende Imageträger, was ja gerade die Mediawerbung gezielt einsetzt. Aber nur ein ehrlicher Umgang wird vom Verbraucher auch honoriert, bei Missbrauch kann das Ansehen der Firma schnell zu einem Negativimage umkippen (→ *Sozial-Sponsoring auf dem Prüfstand – Regeln für die Zusammenarbeit, Seite 42ff)*.

• *Der Kindergarten Regenbogen* hat den Slogan der Firma *Bürkert GmbH* „Gehen Sie mit uns neue Wege, denn nur gemeinsam können wir etwas bewegen" in seinem Projekt *„Kindergarten-Art"* aufgenommen und mit Bildern und Leben gefüllt. Dazu Britta Uhl, Öffentlichkeitsreferentin der *Bürkert GmbH* „Noch nie ist eine Bürkert-Werbebotschaft so lebendig, farbenfroh und mit persönlichem Engagement aufgenommen und umgesetzt worden. So etwas kann wirklich nur zur Nachahmung empfohlen werden."

Dokumentation gesellschaftlicher Verantwortung

Dass Firmen auch soziale Verantwortung übernehmen, wird vom Verbraucher nicht nur mit erhöhter Akzeptanz und Vertrauen honoriert, sondern auch konkret eingefordert. Andreas Hartwig von der Agentur Sponsor Partners stellt Erfolg in Aussicht, wenn ein Unternehmen

Rückgrat zeigt und sich konsequent mit dem sozialen Anliegen identifiziert, klar Partei für die Sache ergreift und bereit ist, in der Öffentlichkeit nachhaltig dafür einzutreten (Hartwig 6/1998, S. 27).

> „Wir wollen vermitteln, dass wir fortschrittlich Denken und Handeln, aufgeschlossen sind und Leitbildfunktion wahrnehmen."
>
> Silvia Diemel PSI-AG Sponsorpartner der Berliner Aids-Hilfe
> (Leitfaden Sponsoring & Event-Marketing, F, 4.4, S.1)

Zielgruppenansprache und Markenerinnerungswert

Kinder und Jugendliche zwischen 7 und 15 Jahren verfügen über eine nicht unerhebliche Kaufkraft (etwa 11 Mrd. DM) und sind deshalb eine wichtige Zielgruppe der Wirtschaft. Weiter gelten sie auch als „markenbewusste" Verbraucher, und je früher diese Markenbindung erreicht wird, desto eher bleibt der Kunde dieser Marke treu.

● „Jugendline", ein Sorgentelefon für Jugendliche im Hohenlohekreis, wird von mehreren Firmen unterstützt, die auf den Werbeplakaten mit ihren Logos erwähnt sind. Die emotionale Verbindung der Unternehmen mit dem Gefühl, „da sorgt sich jemand um meine Probleme", ergibt eine positive Erinnerung an die Marke.

Bei Sozial-Sponsoring Aktivitäten kann durch Sachspenden eine direkte Markenbindung entstehen, die durch den emotionalen Effekt noch verstärkt wird.

● Bei dem Projekt „Lirum Larum Löffelstiel – ein Kindergarten isst gesund" spendete *AlnaturA* ein Jahr lang Müsli für die Kindergartenkinder. Durch das reichhaltige und leckere Frühstück wird bei den Kindern eine positive Erinnerung an die Marke bleiben.

Regionale Standortpflege

„Think global, act local" ist ein Wahlspruch der weltweit vertretenen Firma Bürkert GmbH, die sich aus diesem Verständnis heraus sehr stark am Stammsitz des Unternehmens in Ingelfingen engagiert. Gerade große Unternehmen haben erkannt, wie wichtig ein dialogorientierter Austausch zum regionalen Umfeld für das Gesamtbild sein kann. Beziehungen zu gesellschaftspolitischen Gruppen wie z.B. Vereinen, Behörden oder allgemein zur Bevölkerung müssen aufgebaut werden. Ein Sponsoring-Engagement ermöglicht, eine

Kommunikationsplattform zu pflegen und zu erweitern. Gerade durch die bisher wenig benutzte Schiene des Sozial-Sponsoring öffnen sich Kontakte zu einem Fachbereich, der bisher noch kaum zugänglich war. Auch Lobbyarbeit und VIP-Pflege lassen sich gut bei einer Einladung zur Präsentation von Projekten gestalten.

Interne Wirkung und Mitarbeitermotivation

Auch wenn der externe Nutzen beim Sponsoring überwiegt, so hat er doch auch eine beachtliche innere Wirkung. Mitarbeiterinnen und Mitarbeiter identifizieren sich leichter mit einem sozial engagierten Unternehmen und sind „stolz" auf solches Engagement „ihrer Firma". Wenn dann noch die Beschäftigten direkt mit dem Projekt eine Verbindung haben, z.B. auch Kindergarteneltern sind, wird dies besonders wohlwollend aufgenommen. So wird ein wertvoller Beitrag zu einer gelebten Corporate Identity geleistet, die die Basis für eine erfolgreiche Mitarbeitermotivation bildet (→ *Basisprozess Imagebildung: Corporate Identity, Seite 50ff*).

● Das Sozial-Sponsoring-Projekt *Kindergarten-Art* war dreimal auf der Titelseite der Mitarbeiterzeitung der Firma *Bürkert GmbH*, was die positive Resonanz in der Mitarbeiterschaft dokumentierte.

● Die Firma *Siemens* übernahm 1998 den Wiederaufbau eines verwahrlosten Abenteuerspielplatzes in Münchener Stadtteil Hasenbergl. Einhundert Manager aus dem Unternehmen stellten sich die Aufgabe, Rutschen, Schaukeln und Klettergerüste zu bauen und zu reparieren. Das Projekt mit perfekter Vorbereitung, Sponsoring Gelder in Höhe von 90.000 DM und präziser Arbeitseinteilung wurde für Albrecht Wild (Siemens-Unternehmensberatung) zu einem großen Erfolg für den Teamgeist seiner Gruppe.
(Info: www.universum.de/kabi/49/ inhalt_492.html)

Persönliche Motive

Das Engagement im Sozial-Sponsoring ist gerade in mittelständischen Unternehmen sehr stark auch in der Biografie der Führungspersönlichkeiten angesiedelt. Seien es christlich geprägte Grundhaltungen oder persönliche Erfahrungen, die zur Unterstützung eines bestimmten Projektes führen, es zeigt, wie eng Sozial-Sponsoring noch mit altruistischen Motiven verwoben ist.

● Die Firma *Würth AG* unterstützt schon seit vielen Jahren die *Lebenshilfe Hohenlohe*. Der Gründervater Reinhold Würth hat selbst einen behinderten Sohn.

Adäquater Einsatz mit hohem Wirkungsgrad

Sponsoring-Aktivitäten im sozialen Bereich sind überschaubar und bewegen sich nicht in Millionenhöhe wie beim Sport. Das ist zunehmend ein Grund für den Einsatz dieses Kommunikationsinstrumentes, das im Gegensatz zu Anzeigen sicher nicht die Breitenwirkung hat, einem Imageaufbau aber nachhaltig und dauerhafter dienlich ist. Im Vergleich zu herkömmlichen Werbemitteln überzeugt der geringe monetäre Einsatz, wenn auch die Wirkung schwer und zunächst nicht direkt in harten Zahlen zu messen ist.

● Das kommunale *Kinderhaus Fantadu* in Eutingen bei Horb hat einen Sponsoren-Vertrag mit einer Massivhaus-Baufirma abgeschlossen. Vertragsinhalte: 20.000 DM auf zwei Jahre, die ersten 10.000 DM zur Einrichtung eines Sinnesraumes, die weiteren 10.000 DM für ein noch festzulegendes Projekt. Weiter beinhaltet der Vertrag die Übernahme von Fahrdiensten für Ausflüge des Kinderhauses. Als Gegenleistung hat das Kinderhaus ein Projekt zum Thema „Häuser" durchgeführt, dessen Ergebnisse in der Firma ausgestellt waren. Bilder der Kinder wurden zu einem Kalender für Kunden zusammengestellt. Der Sponsor war vorher im Sport-Sponsoring aktiv und hat sich aus diesem Bereich ganz zurückgezogen. Nach seinen Angaben erreichte das Sozial-Sponsoring-Projekt mit dem Kinderhaus eine weit höhere Imageaufwertung und erzielte vor allem im regionalen Bereich einen hohen Werbeeffekt. Der Kosten-Nutzenwert für dieses Engagement übertraf weit das bisherige Sport-Sponsoring der Firma. (Info: Stefanie Jäkle, Haselweg 9, 72160 Horb 1, Email: stefanie.jaekle@gmx.net)

Motive für die Sponsorensuche und Vorteile für die soziale Einrichtung

Es ist deutlich, dass das Instrument des Sozial-Sponsoring von Seiten der Wirtschaft entwickelt wurde und sich soziale Einrichtungen mit einer Zielformulierung schwerer tun. Doch sind es beileibe nicht nur die geldwerten Vorteile, die in solch einer Partnerschaft die Waagschale füllen.

Finanzielle, sachliche und personelle Unterstützung

An erster Stelle steht die finanzielle Leistung, die einem Projekt in einem festen Rahmen die Existenzgrundlage gibt. Daneben werden von vielen Unternehmen gerne oder sogar lieber Sachleistungen angeboten. Das können eigene Produkte sein (z.B. vom Bäcker die Brötchen, von der Druckerei das Papier, von der Bank die Computer), aber auch Dienstleistungen (z.B. Transportübernahme, Kopier-, Versand- oder Druckmöglichkeiten) und personelle Unterstützung (→ *Leistungsprofil, Seite 65ff*).

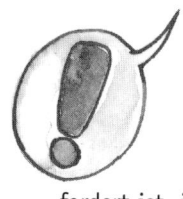

Diese Leistungen sind von nicht zu unterschätzendem Wert und übertreffen oft die reinen finanziellen Aufwendungen. Da eine soziale Einrichtung besonders im personellen Bereich mit einem größeren Projekt oft überfordert ist, ist hier Unterstützung besonders wertvoll.

● Im zweiten Sponsoring-Vertrag des Projektes *„Wirtschaft und Soziales – eine starke Partnerschaft"* wurde personelle Unterstützung sowie Transport mit aufgenommen. Zwei Auszubildende wurden zwei Tage in den Aufbau der Ausstellungen einbezogen.

● Angestellte der Schuhfirma *Timberland* konnten sich fünf Tage zur Arbeit in einer Kindertagesstätte abmelden – mit dem Lernziel, soziale Kompetenz zu trainieren!

● Vertreterinnen des *Verbandes deutscher Unternehmerinnen* trainieren in Jugendhäusern in Jena Mädchen mit Rollenspielen für erfolgreiche Bewerbungsgespräche.

Professionelle Öffentlichkeitsarbeit

Öffentlichkeitsorientiertes Arbeiten ist für viele Kindertagesstätten noch ein Lernfeld. In der Ausbildung kaum in Erscheinung getreten, fühlen sich Erzieherinnen und Erzieher mit den Anforderungen einer qualitativ hochwertigen Öffentlichkeitsarbeit oft überfordert. Es benötigt zusätzlich Kraft und Engagement, sich in diesem Bereich kundig zu machen. Für ein Unternehmen ist der ständige Kontakt zur Öffentlichkeit überlebensnotwendig. Selbst der kleine Betrieb nebenan schaltet Anzeigen, macht in seinem Schaufenster oder durch Aktionen auf sich aufmerksam. Er hat also schon ein funktionierendes Netz an Pressekontakten, zu wichtigen Schaltstellen auf kommunaler und politischer Ebene oder einfach das Know-how professionellen Werbens. Es ist von großem Vorteil, sich dieses Netzwerks bedienen zu können und darüber hinaus auch auf die persönlichen Erfahrungen, Tipps und Hilfestellungen des Partners zurückzugreifen.

Normalerweise wird die Pressearbeit von Seiten der sozialen Einrichtung geleistet, da dies die Glaubwürdigkeit des Projektes verstärkt. Durch die Zusammenarbeit mit Unternehmen haben Kindertageseinrichtungen die Möglichkeit, von Profis aus der Praxis zu lernen – der beste Weg selbst Profi zu werden!

Stärkung der eigenen Identität

Ein erfolgreiches Projekt motiviert Kinder, Erzieherinnen und Erzieher wie auch den Träger und bestätigt das Selbstverständnis des sozialen Auftrages. Ein nach außen getragenes Projekt mit einem Partner aus der Wirtschaft verstärkt diesen Effekt noch um ein Vielfaches. In der Partnerschaft wird erwartet, dass man seinen Auftrag kurz, klar und in leicht verständlicher Weise formulieren kann. Diese Herausforderung schult uns darin, dem „Nicht-Pädagogen" zu erklären, was so alles in einem Kindergarten los sein kann. Das stärkt die eigene Professionalität und das Selbstbewusstsein, um dann auch im Umgang mit Entscheidungsträgern und politischen Kräften entschiedener als Lobby für die Kinder aufzutreten.

> „Wenn der Partner etwas von einem verlangt, werden Energien freigesetzt hinsichtlich Effizienz, Pünktlichkeit, Verbindlichkeit und Kreativität, die in einem so vor sich hindümpelnden sozialen Projekt nicht in dem Maße geweckt würden."
>
> Frank Lehmann, Geschäftsführer der Berliner Aids-Hilfe

Außerdem ist es eine sehr bereichernde Erfahrung, in die „nicht soziale" Arbeitswelt hineinzuschnuppern. Die Anerkennung, die aus der partnerschaftlichen Beziehung erwächst, dient also nicht nur zur Festigung des eigenen Egos, sondern wirkt sich auch auf andere Beziehungsebenen wie z.B. Eltern, Träger, Stadt- und Kirchengemeinderäte, Fachwelt und viele mehr aus.

● Alle Erzieherinnen und Erzieher, die die im vierten Kapitel beschriebenen Projekte initiiert und durchgeführt haben, sind inzwischen Autoren/-innen von Fachzeitschriften und/oder halten Fortbildungen auf diesem Gebiet.

Profilierung und Imagezuwachs für das Berufsbild

Nicht zuletzt ist die Folge einer gelungenen Partnerschaft eine enorme Imageaufwertung. Sponsoring-Aktionen tragen dazu bei, die heutige vielschichtige Szene unserer pädagogischen Arbeit transparent zu machen und somit alte Bilder der „Kindergartentante" abzulösen. In der Öffentlichkeit wird eine überzeugende Partnerschaft mit einem Wirtschaftsunternehmen weitaus positiver wahrgenommen als die übliche Spendenübergabe. Das Sponsoring-Engagement eines Unternehmens dokumentiert ein „echtes und längerfristiges"

Interesse an sozialen Fragestellungen und in der professionellen Zusammenarbeit wird das Profil einer öffentlichkeitsorientierten pädagogischen Arbeit einer Kindertagesstätte offenkundig.

Sozial-Sponsoring auf dem Prüfstand – Regeln für die Zusammenarbeit

Sozial-Sponsoring bewegt sich auf einem äußerst sensiblen Feld. Steht uns ein Ausverkauf der Sozialarbeit ins Haus? Will sich die Wirtschaft eine weiße Weste kaufen? Diese Bedenken haben ihre Berechtigung und es ist unabdingbar, im Vorfeld klare Regeln für den Umgang mit dem Instrument Sozial-Sponsoring festzulegen.

Ethische Grundlage

Kinder sind hervorragende Imageträger – das hat die Werbung schon lange entdeckt. Darin ist zunächst einmal nichts Negatives. Kindertagesstätten sind öffentliche Einrichtungen, die dem Wohle des Kindes dienen sollen. Und deshalb darf das Kind auch nicht zu Werbezwecken oder gar als Werbeträger missbraucht werden. Das Bild des „süßen Kindchen" oder die Gruppe in einheitlichen T-Shirts mit Werbeaufdruck als konkrete Leistung zu verkaufen, wäre ein Widerspruch zu unserem Auftrag und ethisch nicht vertretbar. Es ist also eine Grundvoraussetzung, dass es keine „glücklichen Kinder" auf Bestellung gibt – nur weil jetzt gerade der Fotograf da ist. Auch Einzelschicksale sollten tabu sein. Eine Vermarktung der Kinder darf nicht stattfinden, sondern es sollte immer das Projekt mit seiner Idee als Gesamtpaket im Vordergrund stehen.

Glaubwürdigkeit

Wenig Sinn würde es machen, mit einem Spielzeughersteller ein Projekt „Spielzeugfreier Kindergarten" zu gestalten. In der Öffentlichkeit fände dies sicher keine positive Resonanz. Die Projektpartner müssen ihre Partnerschaft glaubwürdig transportieren. Fastfood-Ketten, Genussmittelhersteller oder gar Rüstungsindustrie sind Partner, die für Kindertagesstätten wenig überzeugen. Allerdings ist jede Aktion im Einzelfall zu prüfen, denn es ist durchaus denkbar, dass mit einer Weinkellerei vor Ort und dem Projekt „Kann man Trauben trinken" ein fruchtbare Zusammenarbeit entsteht. Besonders aber bei Themen, die in der öffentlichen Diskussion stehen, wie z.B. Fremdenfeindlichkeit, Armut, Arbeitslosigkeit oder soziale Benachteiligung, muss die „Vision" und die „Message" eines Projektes auch vom Wirtschaftspartner überzeugend mitgetragen werden. Dazu gehört von Seiten der Wirtschaftsunternehmen auch ein gewisses Rückgrat sowie Mut, sich damit zu identifizieren und dies auch im eigenen Hause auf den Prüfstand zu stellen.

- *IBM* unterstützt personell wie finanziell seit vielen Jahren Behinderteneinrichtungen. Ende der achtziger Jahre kam der Vorwurf, gesetzliche Quoten bei der Einstellung von behinderten Beschäftigten nicht einzuhalten. Diese Negativnachricht hält sich hartnäckig bis heute in der Fachpresse, auch wenn IBM inzwischen die Quoten erfüllt (vgl. Schiewe, Sozial-Sponsoring ein Ratgeber, S. 30–31).

- *Ikea* setzt auf das Image des kinder- und familienfreundlichen Unternehmens und ist sehr rege in der Unterstützung sozialer Ideen. Der Vorwurf, dass ihre Teppiche aus Dritte-Welt-Ländern ohne „Rugmark"-Zeichen und somit auch durch Kinderhände produziert werden, setzt hinter dieses Image ein Fragezeichen.

Keine Basisfinanzierung durch Sozial-Sponsoring

Sozial-Sponsoring bezieht sich auf ein festgeschnürtes Paket, das außerhalb der Basisfinanzierung einer sozialen Einrichtung liegen muss. Auch wenn mancher Träger unter dem Finanzdruck mit der Reduzierung laufender Kosten liebäugelt, kann er aus dieser Verantwortung nicht entlassen werden. Die elementare Finanzierung sozialer Arbeit ist in Deutschland Aufgabe der öffentlichen Hand, was nicht heißt, dass Sparen ein Schimpfwort ist, – vielmehr eine kluge Nutzung von Ressourcen mit Qualitäts- und Effektivitätskriterien. In diesem Sinne ist Sozial-Sponsoring also nur gedacht für Maßnahmen außerhalb des normalen betrieblichen Ablaufes. Es würde wenig Sinn machen, für ein halbes Jahr eine Erzieherin oder einen Erzieher zu finanzieren, weil die Gemeinde die Regelbesetzung nicht mehr leisten kann. Dagegen ist es durchaus vorstellbar, für den gleichen Zeitraum eine Architektin einzusetzen, die Planung und Umsetzung einer Spielebene in enger Zusammenarbeit mit den Kindern, Team, Eltern und Träger betreut.

Unabhängigkeit

Eine wichtiges Element für eine funktionierende Zusammenarbeit ist die durchgehende Akzeptanz der Unabhängigkeit der sozialen Einrichtung. Ein Wirtschaftsunternehmen kann und darf sich zu keinem Zeitpunkt in interne und pädagogische Auseinandersetzungen einmischen. Auch die Art der Werbung und der Rahmen der Öffentlichkeitsarbeit sollte seitens der sozialen Einrichtung überdacht werden. Selbstverständlich geschieht dies in partnerschaftlichem Austausch, aber letztendlich liegt es in der Entscheidungsgewalt der Kindertagesstätte, inwieweit sie ihren „guten Ruf" zur Verfügung stellt. Eine Vereinnahmung durch den Wirtschaftspartner würde auch in der Öffentlichkeit keine gute Wirkung haben.

Keine aktive Verkaufsförderung

Von vielen Trägern ganz offiziell untersagt ist das aktive Verkaufen von Produkten des Partners. Die viel versprechende Partnerschaft mit einer Baufirma unter dem Motto „Kreativer Kinder-Garten" würde doch sehr getrübt, wenn während einer Elternaktion im Garten (natürlich mit den Geräten der Baufirma) ein eigener Stand die Eltern zum Kauf entsprechender Werkzeuge animieren möchte. Werden dagegen z.B. die Einsatzgeräte zugunsten der Aktion verkauft oder versteigert, ist dies sicher eine gute Sache. Es ist also auch hier immer notwendig, den Einzelfall zu prüfen.

So steht es in keinem Widerspruch, Gutes mit Nützlichem zu verbinden, wenn die Ziele und Beweggründe sich auf einer ethischen Grundlage bewegen und glaubwürdig sind. Die Bundesarbeitsgemeinschaft Sozialmarketing hat als ethische Mindestanforderung 10 Grundregeln für Fundraising erarbeitet, die als Orientierungsbasis dienen können. *(http://www.sozialmarketing.de/grundregeln.htm)* *(→ Adresse Seite 106).*

Klein aber fein – mit dem Mittelstand auf neuen Wegen

Überregionale und medienwirksame Großereignisse, so genannte Events, wie man das heute nennt, kann eine soziale Einrichtung nicht bieten. Wir backen kleinere Brötchen und suchen unsere Partner im Geschäft um die Ecke: Ein Lebensmittelladen, das Sportgeschäft, die Banken und das Autohaus, die Tageszeitung, eine Brauerei, ein Spielzeugladen und eine Versicherung, das Reisebüro und die Gaswerke ... – die Liste ließe sich unendlich weiterführen. Es sind in der Regel Firmen aus dem Mittelstand, die aber selten schon Erfahrungen mit professionellem Sponsoring gemacht haben. Meist äußert sich ihr soziales Engagement in einer mehr oder weniger

großzügigen Spendenverteilung. Hier bietet sich für eine Kindertageseinrichtung eine große Chance, dem alten Beziehungsgeflecht mit einem „Wissensvorsprung" über das Instrument Sozial-Sponsoring eine andere Ebene anzubieten. Normalerweise werden entsprechende Angebote gerne aufgegriffen. Auch der Mittelstand erkennt die Wichtigkeit einer emotionalen Bindung an den Standort und bedient sich dieser Vorteile zunehmend. Die Zustimmung der Bevölkerung belegt eine Studie von Ipsos, einer Marketing Agentur, die zum ersten Mal die Anerkennung regionaler Sponsoring-Projekte untersucht hat. Dabei steht in der Bewertung der Bevölkerung nicht der Sport an erster Stelle – ein motivierendes Ergebnis!

Interesse an regionalen Veranstaltungen und Projekten (in %)

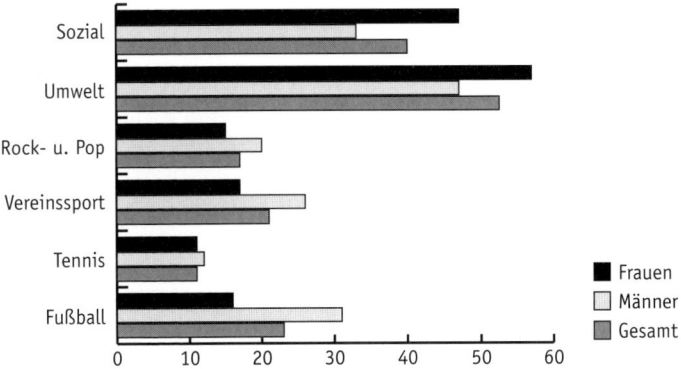

Quelle: Regional-Sponsoring, 1998, Ipsos Deutschland, Hamburg

Kapitel 3

Sieben Schritte zum Sponsoring-Projekt

Im Folgenden wird in sieben Schritten der Weg in ein Sozial-Sponsoring-Projekt verdeutlicht. In den ersten beiden Schritten werden zunächst die notwendigen Vorbereitungen auf Seiten der Kindertageseinrichtung und die Entscheidungsfindung beschrieben, die anschließenden Schritte behandeln die konkrete Umsetzung und zuletzt erfolgt die Nachbereitung und Auswertung der Aktion. Die einzelnen Schritte können je nach Voraussetzungen und Kenntnisstand der Einrichtung unabhängig voneinander realisiert werden.

Planungsschritte für ein Sozial-Sponsoring Projekt		
Vorbereitung		
Schritt 1	**Basisprozesse**	• Situationsanalyse • Imagebildung und Corporate Identity • Projektarbeit • Öffentlichkeitsarbeit
Schritt 2	**Entscheidung**	• Team, Träger, Eltern • Sponsoring-Agentur
Umsetzung		
Schritt 3	**Sponsoringkonzept**	• Zielbestimmung • Leistungsprofil • Projektbeschreibung
Schritt 4	**Partnersuche**	• Auswahlkriterien • Erste Kontaktaufnahme

Schritt 5	Vertrag	• Vertragsverhandlungen und -inhalte • Vertragsgestaltung
Schritt 6	Realisierung	• Kontinuierlicher Dialog zwischen den Partnern • Zielüberwachung
Nachbereitung		
Schritt 7	Erfolgskontrolle	• Projektanalyse • Fehlervermeidung

Schritt 1: Voraussetzungen für die Partnerschaft – Basisprozesse in der Kindertageseinrichtung

Sozial-Sponsoring ist ein beidseitiges Geschäft, bei dem wir vorher klären müssen, was wir denn zum „Verkauf" anzubieten haben. Um im betriebswirtschaftlichen Jargon zu bleiben: Ein guter Verkäufer ist nur erfolgreich, wenn er sein Produkt bis ins Detail kennt, von seinem Nutzen überzeugt ist und dieses dem Käufer auch erklären kann (was nicht heißen soll, dass er nicht auch um die Macken weiß!). Wir verkaufen aber keine Staubsauger, sondern bieten unser soziales Image auf einer Kommunikationsplattform als Leistung an – der Vergleich mit einem Verkäufer ist deshalb nur bedingt übertragbar. Die drei Kernaussagen vom Verkäufererfolg bilden aber auch für den sozialen Bereich die Voraussetzungen, um einen Partner zu finden.

Basisprozesse für die Sponsoring-Partnerschaft

- **Die Situationsanalyse** entwickelt Konzepte und Ziele, die durch überzeugende Darstellung eine positive Imagebildung bewirken.
- **Corporate Identity** ist das einheitliche Erscheinungsbild in der Öffentlichkeit.
- **Projektorientiertes Arbeiten** ist das Instrument pädagogischer Arbeit und Grundlage für die Partnerschaft.
- **Öffentlichkeitsarbeit** ist der Dialog auf einer allgemein verständlichen Ebene mit der nicht-pädagogischen Umwelt.

Diese grundlegenden Prozesse bilden die Basis für eine Partnerschaft mit einem Wirtschaftsunternehmen. Auf einer Kommunikationsplattform wird über ein gemeinsames Projekt der Austausch mit der Öffentlichkeit möglich. Das nachfolgende Modell zeigt bildlich diesen Weg, der in den weiteren Schritten näher beschrieben wird.

Kommunikation mit der Öffentlichkeit

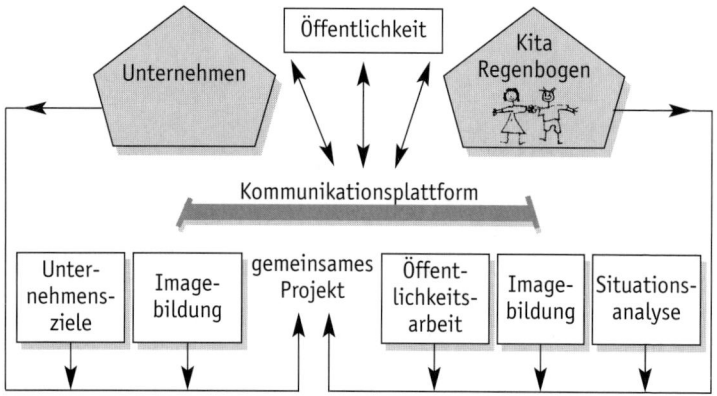

Basisprozess Situationsanalyse:
Konzepte und Ziele im eigenen Haus

Es genügt nicht, im stillen Kämmerlein einen perfekt gestylten Projektplan auszubrüten und damit auf Sponsorenjagd zu gehen. Dieses Kartenhaus würde schnell zusammenbrechen. Hier sind wir wieder bei einem der wichtigsten Grundsätze im Sozial-Sponsoring – der Glaubwürdigkeit. Damit wir ein gutes Image anbieten können, müssen wir dieses erst einmal aufbauen. Ein Beispiel soll dies verdeutlichen:

● Die Leiterin eines Kindergarten hatte ein perfektes Öffentlichkeitsprofil mit eigener Homepage, Logo und dem Motto: „Klein und Groß – wir sind für sie da" entwickelt. Nun möchte sie das Logo auf Briefpapier und Türschild über einen Sponsor finanzieren. Ein interessiertes Unternehmen rief im Kindergarten an. Es meldete sich jemand mit „Ja?". Darauf brachte der Sponsor sein Anliegen vor. Die

Antwort war: „ Ich weiß nicht wer da Bescheid weiß, die Leiterin hat gerade keine Zeit, rufen Sie später noch mal an". Der potentielle Sponsor rief nicht mehr an.

Angebot und Wirklichkeit passen hier nicht zusammenpassen. Wenn der Kindergarten für Klein und Groß da sein will, muss er das auch am Telefon tun. Oft als Erstkontakt benutzt, gibt es ein erstes Bild, dass sich fest einprägt und schwer wieder zu ändern ist!

● Eine angemessene Reaktion wäre: Einrichtung und Namen nennen, persönlich begrüßen, Nachfragen nach dem Anliegen, verbinden oder, wenn das nicht möglich ist, Namen aufschreiben und zurückrufen. Tipp: Die Kinder übernehmen gerne Telefondienst und machen das perfekt, für den Hörer am anderen Ende beeindruckend! Klein und Groß – wir sind für Sie da – passender geht es nicht.

Das individuelle Profil muss sich wie ein roter Faden durch die Arbeit der Einrichtung ziehen.

Die Suche nach einem Sponsor sollte also zunächst mit einer Situationsanalyse im eigenen Haus beginnen. Die Kindertagesstätte muss auf festen Säulen stehen, die von allen Beteiligten erbaut sind. Ein individuelles Profil, das sich an den Bedürfnissen der Kinder, der Eltern und des Umfeldes orientiert, kann sich in vielen Facetten zeigen. Ob gruppenübergreifend, integrativ oder situationsorientiert, ob Ganztageseinrichtung, Kinderhaus oder Waldkindergarten, ob kunstorientiert, ökologisch oder multikulti – wichtig ist, dass das Profil durchgängig gelebt wird. Dabei ist es nicht unbedingt notwendig, eine schriftlich fixierte Konzeption zu haben. Aber alle Mitarbeiterinnen und Mitarbeiter sollten wissen und verbalisieren können, auf welcher konzeptionellen Grundlage ihre Arbeit aufgebaut ist. Es ist wie ein roter Faden, der sich durch die Einrichtung zieht und sichtbar gelebt wird.

● Mit der Idee einer „Konzeption im Fluss" hatte ein Kindergarten nicht nur das eigene Team, sondern auch Eltern und Besucher in grundlegende pädagogische Überlegungen miteinbezogen: Überall im Kindergarten hingen Plakate mit Stiften, auf denen Elemente einer Konzeption geschrieben waren. Jeder konnte Kommentare, Vorschläge und Weiterentwicklungen, die spontan aus dem Alltag heraus entstanden sind, dazuschreiben. Einmal im Monat wurde mit interessierten Eltern und den Kindern alles zusammengefasst, diskutiert und neu aufgeschrieben.

Basisprozess Imagebildung:
Corporate Identity (CI)

Aus solchen Grundsatzentscheidungen und Zielbestimmungen entwickelt sich ein stimmiges Bild, dass auch das Image einer Einrichtung verkörpert. Unter dem Begriff Corporate Identity wird dieses Erscheinungsbild zusammengefasst. Die Einrichtung entwickelt eine eigene Identität, die auf drei Säulen fußt, wie es die folgende Grafik zeigt.

Corporate Identity

**Kita
Regenbogen**
Für alle Farben sind wir da

CI ist ein in sich stimmiges, in der Praxis gelebtes Erscheinungsbild einer Einrichtung.

Externes und internes Verhalten = z.B. offener und freundlicher Umgang	Visuelle und schriftliche Kommunikation = z.B. Briefkopf mit Logo, Farbgestaltung	Pädag. Handeln und öffentl. Engagement = z.B. pädagogisches Konzept, Lobby für Kinder

Externes und internes Verhalten

✳ In einem „offenen Haus" für Groß und Klein muss den Menschen diese Offenheit innerhalb und außerhalb des Hauses spürbar entgegengebracht werden.

✳ *Kinder* sind der Mittelpunkt und werden in Entscheidungsfindungen gemäß ihrem Alter mit einbezogen.

✻ *Eltern* sind keine „Erziehungskonkurrenten", sondern Partner, denen gegenüber Gesprächsbereitschaft nicht nur zwischen Tür und Angel vorhanden ist.

✻ *Besucher* sind willkommene Gäste, die kein Sonderprogramm, sondern Kindergartenalltag miterleben dürfen.

✻ *Kolleginnen und Kollegen* sind keine Rivalen um die Gunst der Eltern, sondern ein Team, das Akzeptanz der Individualität, gemeinsame Grundsätze und konstruktive Kritikfähigkeit als Arbeitsbasis hat.

✻ Der *Träger* hat eine wirtschaftliche und personalpolitische Sicht der Dinge, die mit pädagogischen Zielen nicht konträr laufen darf.

Visuelle und schriftliche Kommunikation

Eine Kommunikation, die an einem einheitlichen, visuellen Bild festzumachen ist, hat einen deutlich höheren Wiedererkennungswert. Ein bildliches Logo mit einem Motto auf allen Elternbriefen, auf der Korrespondenz oder über der Eingangstür zeigt seine Wirkung nicht sofort, sondern muss sich erst etablieren. Deshalb ist es sinnvoll für die Findung und Entwicklung eines Erkennungszeichens genügend Zeit und professionelles Wissen zu investieren.

Tipps für die Logoentwicklung

- kurzer und bündiger Text
- klare, einfache Schrift- und Bildgestaltung
- schwarz-weiß fähig
- vergrößer- und verkleinerbar

Das Einbeziehen von Kindern, Eltern, vielleicht sogar der Öffentlichkeit kann sehr hilfreich sein. Möglicherweise öffnet solch eine Beziehungsebene die Tür zu einem Grafikstudio oder einem Designer, der beratend Hilfe leistet.

● Der Kindergarten Teichmuschel fand seinen Namen über ein Preisausschreiben für alle Besucher am Tag der offenen Tür. Er liegt in einer Flusssenke mit Überschwemmungsgefahr. Ein anderer Aspekt des Namens ist die offene Muschel, die aber auch eine schützende Funktion für ihr „Innenleben" darstellt.

Die Philosophie der Einrichtung: Pädagogisches Handlungskonzept und öffentliches Engagement

Würde das Image nur über die symbolischen visuellen Elemente transportiert, wäre das auf längere Sicht nicht glaubwürdig. Der innere Geist einer Einrichtung und die zugrunde liegende Philosophie muss sich in den alltäglichen Handlungen und Betriebsvollzügen manifestieren. Für die Außenwelt erkennbar wird die Grundhaltung einer Einrichtung im pädagogischen Konzept, das hinter dem Verhalten steht, und z.B. auch in offenen Stellungnahmen zu kinderpolitischen Themen zum Ausdruck kommt.

● Haben wir uns Integration auf die Fahne geschrieben, hört dies vor der Kindergartentür nicht auf. Es gilt, sich darüber hinaus auch z.B. für den rollstuhlgerechten Bus zu engagieren oder mit den Eltern die Aufnahme in eine Regelklasse durchzusetzen.

Auch wenn bei solch einer Lobbyarbeit zunächst Gegenwind herrscht, wird die Öffentlichkeit dies auf Dauer positiv aufnehmen. Ein internes Wir-Gefühl ist für den überzeugenden Transport von Inhalten an die Gesellschaft ein wesentlicher Faktor. Stimmen innere und äußere Werte überein, wird die innere Identität auch von außen sichtbar erlebt und der Imagetransfer glaubwürdiger (Krenz 1997).

Basisprozess Projektarbeit: Nur die gute Idee zieht!

Sponsoring Partnerschaften beziehen sich auf zeitlich begrenzte und überschaubare Projekte. Das Projekt ist der Ansatzpunkt, der in die Partnerschaft führt, und bildet das Podium, das den Dialog zur Öffentlichkeit herstellt *(→ Kommunikationsplattform, Seite 48)*.

Projektarbeit im Kindergartenalltag

Die Arbeitsweise „Projektarbeit" sollte im Alltag von Kindertageseinrichtungen konzeptionell verankert sein. Das geplante strategische Vorgehen bei der Projektarbeit und das Einbeziehen der Umgebung und ihrer Menschen in die Aktion führt zwangsläufig zu einer Öffentlichkeitswirkung, wie dies in der Definition von Martin Textor zum Ausdruck kommt.

Definition Projektarbeit

„Im Kindertagesstättenbereich bezeichnen wir mit diesem Begriff ein geplantes, längerfristiges, konkretes Lernunternehmen, das unter einer bestimmten Thematik steht, längere Zeit dauert und eine größere Gruppe von Kindern und Erwachsene beansprucht. Manche Projekte dauern Wochen und Monate und wecken auf Grund von Ausstellungen, Vorführungen oder Zeitungsberichten die Aufmerksamkeit der Öffentlichkeit." (Textor [2]1995, S. 7).

Tipps für die Planung geeigneter Projekte

- Wo setzen oder brauchen wir neue Impulse? (Projektidee)
- Was wollen wir verwirklichen? (Projektthema)
- Wen wollen wir erreichen? (Zielgruppe)
- Womit erreichen wir die Zielgruppe? (Aufmerksamkeit)
- Wie soll es nach außen getragen werden? (Projektgestaltung)

Originalität und Exklusivität sind gefragt.

Ein Projekt lässt sich nicht aus dem Ärmel schütteln, sondern erwächst aus der individuellen internen und externen Situation der Kindertageseinrichtung. Nicht jedes Projekt eignet sich, um damit an ein Wirtschaftsunternehmen heranzutreten. Wenn wir uns die Beweggründe der Unternehmen im Hinblick auf die Werbewirksamkeit noch einmal vor Augen führen *(→ Motive für ein Sponsoring-Engagement und Vorteile für das Wirtschaftsunternehmen, Seite 35)*, wird deutlich, dass Exklusivität und Einfallsreichtum gefragt sind. Es ist deshalb schwierig, Patentrezepte zu geben, da die Ideen ja gerade aus der individuellen Situation erwachsen müssen. Also: Mut zu originellen, ungewöhnlichen, konträr diskutierten, gesellschaftspolitischen Themen und Gestaltungsformen!

Basisprozess Öffentlichkeitsarbeit

Öffnen heißt in einen Dialog treten.

Wie so vieles kommt auch der Ursprung der Öffentlichkeitsarbeit aus Amerika: Übersetzt heißt „Public Relations", kurz PR genannt, „Öffentliche Beziehungen" und beschreibt den Kern der Sache: Eine

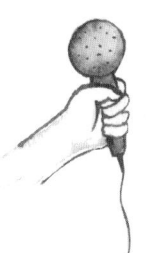

„Beziehung", das wissen wir alle, muss gepflegt und immer wieder neu befruchtet werden. Das gilt für eine „Öffentliche Beziehung" genauso. Der *Dialog* ist dabei die entscheidende Kommunikationsstrategie. Über den Dialog werden Meinungen und Verhalten korrigiert. Das Bild, also das Image, das sich aus dieser Beziehung bildet, ist die Grundlage einer gesellschaftlichen Akzeptanz und somit einer konstruktiven Zusammenarbeit. Es liegt also wesentlich in unserer eigenen Hand, dieses Bild zu beeinflussen, indem wir den Dialog aufnehmen und in Bewegung halten.

● Bei einem Besuch des Gemeinderates war der Kommentar eines Mitgliedes der Auslöser für eine Bildausstellung mit dem Titel: *Den ganzen Tag spielen, das möchte ich auch mal.* Ein halbes Jahr lang wurden die verschiedensten Spielsituationen aus dem Kita-Alltag im Bild festgehalten. Auf großen Abzügen fanden die Bilder in der Ausstellung ein erfreuliches Publikumsinteresse. Kurz und prägnant war unter jedem Bild die Aufgabe der Erzieherin und die Lernerfahrung für das Kind in dieser Situation beschrieben. Eine wirkungsvolle Darstellung, die auch dem Gemeinderat einen anderen Blick auf das Spiel im Kindergarten ermöglichte.

Eine dialogorientierte Öffentlichkeitsarbeit bedarf übergreifender gemeinsamer Interessen und eines Anknüpfungspunktes, der als eine kommunikative Brücke den Austausch zwischen der Einrichtung und den Zielpersonen ermöglicht.

● Der Kindergarten Regenbogen wählte die Kunst als Plattform für den Austausch. Zum Thema Kunst hat jeder eine Meinung, sei es positiv oder negativ. Der Anknüpfungspunkt zum Dialog sollte die „Kunst der Erwachsenen" sein, die die allgemeine Zielgruppe darstellten. Es sollte eine Gemeinsamkeit hergestellt werden, um Interesse zu wecken. Picasso kennt jeder und es weckt zumindest Neugierde, wie Kindergartenkinder sich damit auseinander setzen.

Public Relations – notwendiges Handwerkszeug

Der Erfolg von Sozial-Sponsoring ist eng verwoben mit einer professionell geplanten Öffentlichkeitsarbeit. Die medienwirksame Organisation und Durchführung von Veranstaltungen mit einer begleitenden Pressearbeit gehört nicht zu den Inhalten einer Erzieher/-innen-Ausbildung. Das schreckt zunächst einmal ab. Doch in unserer Zeit bedarf es neuer Wege, denn riesige Sommerfeste mit Selbstgebasteltem, Kindervorführung und Tombola werden zunehmend von neuen Ansätzen der Öffentlichkeitsarbeit abgelöst. Waren früher zeitraubende Bastelaktionen und Bitten um Tombolaspenden für Zusatzfinanzierungen verbreitet, wird heute der zeitliche Einsatz beim Sozial-Sponsoring mit der Professionalisierung im PR-Bereich belohnt. Dabei ist der Weg das Ziel, denn es werden keine „Mega-Events" sein, die eine Kindertageseinrichtung veranstaltet.

Zielgruppenanalyse: Wer ist unsere Öffentlichkeit?

Wer versucht, sich an alle zu wenden, wird letztendlich niemanden erreichen. Deshalb ist die Überlegung, wie sich unsere Öffentlichkeit aufgliedert, notwendig, um gezielt Teilöffentlichkeiten anzusprechen. Dies dient auch der Vorbereitung für die Sponsorensuche, denn der Sponsor muss wissen, wer die Zielgruppe des Projektes ist und ob sich diese mit seiner eigenen Zielgruppe deckt. Das folgende Modell zeigt von innen nach außen den Aufbau der Öffentlichkeit für eine Kindertagesstätte:

Öffentlichkeitsmodell für eine Kindertageseinrichtung

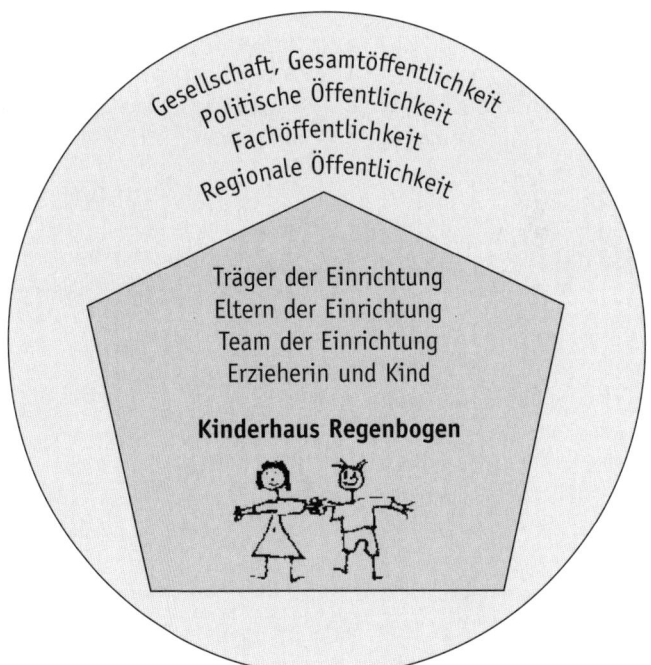

Gesellschaft, Gesamtöffentlichkeit
Politische Öffentlichkeit
Fachöffentlichkeit
Regionale Öffentlichkeit

Träger der Einrichtung
Eltern der Einrichtung
Team der Einrichtung
Erzieherin und Kind

Kinderhaus Regenbogen

Die Öffentlichkeit der Kindertageseinrichtung

- Öffentlichkeitsarbeit beginnt im Kindergarten selbst, bei jeder einzelnen *Erzieherin und jedem Erzieher und den Kindern*.
- Im *Team* wird durch die Klärung gemeinsamer pädagogischer Ziele ein Fundament für eine öffentlichkeitsorientierte Arbeit gelegt. Dabei ist das Einbeziehen der Kinder selbstverständlich.
- *Eltern und Familienangehörige* bilden den nächsten Halbkreis. Sie sind der erste Multiplikator Richtung Gemeinwesen.
- Der *Träger* beschließt den inneren Bereich an der Schnittstelle nach außen. Hier muss der Dialog fließen, sonst kommt das Bild, das nach außen transportiert wird, verzerrt an.
- *Regionale Öffentlichkeit* umfasst Nachbarn, die Umgebung, vielleicht ein Altersheim in der Nähe, die Gemeinde, aber auch Geschäfte und die Arbeitsstätten der Elternschaft.
- Kontakte zur *Fachöffentlichkeit*, zu benachbarten Einrichtungen, zu Fachberatung, Fachschulen, Jugendamt, Schulen etc. sind ein wichtiger Faktor für öffentlichen Austausch.
- *Politische Gremien* wie Parteien, Räte, Ausschüsse oder sonstige Entscheidungsträger legen wegweisende Bedingungen fest.
- Den Abschluss bildet die *Gesellschaft* selbst, deren Multiplikator die Medien wie Presse, Funk und Fernsehen sind.

Zielgruppenansprache: Der Weg in die Öffentlichkeit

Wenn ein Kindergarten mit der Öffentlichkeit korrespondiert, muss er sich in die Denkweise, die Einstellung und die Sprache der Zielgruppe hineinversetzen. Das Sprichwort „Der Köder muss dem Fisch schmecken, nicht dem Angler" bringt erfolgreiche Kommunikation auf den Punkt. Pädagogische Abhandlungen werden dabei am wenigsten interessieren. Nicht das, was wir über unsere Arbeit erwähnenswert finden, wird bei der Zielgruppe als wichtig empfunden. Der Adressat muss einen Nutzen für sich selbst erkennen und sich emotional positiv angesprochen fühlen (vgl. Bundesvereinigung Kulturelle Jugendbildung 1995, S. 28 ff).

So sind z.B. Eltern, Omas und Opas hauptsächlich an ihren eigenen Sprösslingen interessiert. Bei dieser Zielgruppe ist der direkte Kindergartenalltag mit vielen Fotos von Bedeutung, während der Bürgermeister und die Gemeinderäte vielleicht staunend vor der Kostenaufstellung und Kolleginnen an der Zeitplanung für das Projekt hängen bleiben.

Tipps für die Zielgruppenansprache

- Wen möchten wir ansprechen?
- Was kommt bei dieser Zielgruppe gut an?
- Welche Methoden und Instrumente sind personell und zeitlich umsetzbar?
- Welcher Finanzrahmen ist dazu notwendig?

Diese Überlegungen zu einer direkten Zielgruppenansprache und zu öffentlichkeitswirksamen Instrumenten und Maßnahmen werden Sie dabei unterstützen, sich dem Ziel Ihres Projektes zu nähern:

PR-Instrumente von A–Z

Aufkleber, Ausstellung, Basar, Bilderwand, Button, Broschüre, Dokumentation, Dienstbesprechung, Demo, Fachartikel, Fachtag, Faltblatt, Fahnen, Faxaktion, Fernsehen, Film, Flugblatt, Flohmarkt, Fachsymposium, Gremienarbeit, Graffiti, Handzettel, Hauszeitung, Homepage, Infostand, Interview, Jahresbericht, Jubiläum, Kalender, Kabarett, Leserbrief, Litfasssäule, Links im Internet, Logo, Lokalpresse, Luftballon, Messestand, Preisausschreiben, Pressemappe, Pantomime, Pressekonferenz, Promi-Treff, Podiumsdiskussion, Rundfunk, Reportage, Sandwichtafeln, Schaukasten, Schaubild, Schwarzes Brett, Straßentheater, Streuartikel, Sternmarsch, Tag der offenen Tür, T-Shirt, Transparent, Tombola, Umfrage, Unterschriftenaktionen, Video, Vortrag, Wandmalerei, Wandzeitung, Wettbewerb, Zeitung u.a.m.

Der Einsatz der Medien

Die Presse hat durch ihre Streubreite eine hohe Multiplikatorenwirkung. Pressearbeit ist das notwendige Handwerkszeug, um die gewünschte Medienpräsenz zu erreichen. Eine Kindertagesstätte sollte in regelmäßigem Kontakt mit der lokalen Presse stehen. Kleinere Beiträge, ob in Bild oder Textform, sind in lokalen Blättern eine willkommene Abwechslung. Journalisten sind sehr kontaktfreudige Menschen und die Pflege eines persönlichen Kontaktes zahlt sich aus!

Der systematische Aufbau eines Presseverteilers mit allen Presseadressen und direkten Ansprechpartnern ermöglicht einen schnellen Zugriff.

Beispiel für einen Presseverteiler			
Medium (Zeitung/Radio)	Name und Redaktions-anschrift: *Hohenloher Blatt* Auflage: *50.000*		
Redakteur/in Durchwahl	Name: *Thekla Stift* Tel./Fax: Email:		
Presseunterlagen	Wie: *verschickt* Was: *Pressemitteilung* Wann: *15.10.00*		
Kontaktaufnahme	Wann *27.10.00* Von wem aus: *Presse* Wie: *persönl. Treffen* Wo: *Kiga* Anlass: *Pressemitteilung, Ausstellung*		
Reaktion/ Kommentar	Gedruckt am: *30.10.00* Bemerkungen: *positive Berichterstattung mit Bild, Kontakt halten*		

Pressemenschen stehen unter enormem Zeitdruck, innerhalb weniger Sekunden fällt die Entscheidung, ob eine Mitteilung interessant ist oder nicht! Die gute Vorbereitung einer Pressemitteilung oder eines Artikels entscheidet darüber, ob und wie dieser in der Presse erscheint.

Tipps für eine erfolgreiche Pressemitteilung

- Sofort Interesse wecken mit einer schlagkräftigen Überschrift (nicht „Hund beißt Kind", sondern „Kind beißt Hund").
- Strukturierter Aufbau mit Zwischenüberschriften.
- Inhalte sachlich darstellen, Polemik hat keinen Platz, Argumente und fundierte Tatsachen gehören zusammen, Spannung und Interesse aufbauen.
- Klare knappe Sätze, Bandwurmsätze und Verlautbarungsstil vermeiden! In der Sprache der Zielgruppe schreiben, Personen mit Vor- und Nachnamen nennen.
- Rechts einen Rand für Anmerkungen lassen, eineinhalbfacher Zeilenabstand, Papier einseitig beschreiben.
- Qualitativ gute Bilder beilegen (auf Copyright achten: Sind die Eltern mit dem Abdruck einverstanden? Mit Adresse und der Bitte um Rücksendung versehen).

Hier noch einmal der Hinweis aus der Praxis: Nutzen Sie die schon vorhandenen Beziehungen Ihres Wirtschaftspartners, um selbst persönliche Kontakte aufzubauen. Schauen Sie dem Profi über die Schulter, diese praktischen Erfahrungswerte wiegen mehr, als jedes noch so gute Handbuch.

Die Sieben journalistischen W's

- Wer schreibt?
- Was wird passieren/ist passiert?
- Wie wird es stattfinden / hat es stattgefunden?
- Wo ist/war das Ereignis?
- Wann ist/war das Ereignis?
- für Wen ist/war das Ereignis gedacht?
- Warum hat es stattgefunden / wird es stattfinden?
Die Reihenfolge kann im Einzelfall verändert werden.

Jahnstr. 6
74653 Ingelfingen

Sieben Schritte zum Sponsoring-Projekt

60

Kindergarten –
Kunst und Imagewerbung

Vernissage
„Regenbogen-Art"

Große Kunst aus kleinen Augen gesehen

Die Kindergärten „Kunterbunt" und „Regenbogen" eröffnen am 13. März 1997 in der Stadtbücherei Ingelfingen um 18.00 Uhr mit einer Vernissage ihre Ausstellung „Regenbogen-Art". Die Kinder und ihre Erzieherinnen haben sich mit Künstlern wie Vincent Van Gogh, Pablo Picasso, Eduard Monet und Anton Stankowski befaßt. Die dabei entstandenen Werke werden hier ausgestellt. Kindergartenarbeit von heute wird so einem breiten Publikum zugänglich gemacht werden.

Der Anspruch an die Kindergartenarbeit ist durch die Veränderung der Lebensbedingungen der Kinder im Wandel. Projektorientiertes Arbeiten hilft uns, Kindern das nötige Rüstzeug für die Zukunft mitzugeben. Die Kunst ist ein Mittel, um unsere Ziele zu erreichen. Sie regt an, mit Fantasie und Kreativität eigene Ideen zu entwickeln und umzusetzen. Zusammen mit den Kindern wird diese Umsetzung geplant und durchgeführt. Das stärkt das Selbstbewusstsein, aber auch die Fähigkeit zum Miteinander.
Kunst im Kindergarten bietet eine gute Möglichkeit neue Wege in unserer Arbeit zu gehen um sich den heutigen Bedürfnissen der Kinder anzupassen. Die Ausstellung gibt Einblick in diese „kunstvolle" Art mit Kindern zu arbeiten.
Möglich wurde diese Ausstellung erst durch die Schirmherrschaft der Firma Bürkert, die durch die Übernahme der Kosten eine Art des *Sozial-Sponsoring* leistet.

Die Ausstellung ist zu den Öffnungszeiten der Bücherei Di, Mi, und Fr von 15.00 Uhr bis 18.00 Uhr und Do von 15.00–19.00 Uhr oder jeder Zeit nach Absprache zu besichtigen, vom 14. März 1997 bis zum 18. April 1997.

Kontakt:

Kindergarten Regenbogen	oder	Kindergarten Kunterbunt
Christa Zeller		Anette Hübel
Tel. 07940/8801		Tel. 07940/8707

Schritt 2: Entscheidung für Sozial-Sponsoring

Wenn der theoretische Hintergrund einer Sponsoring-Tätigkeit mit allen nötigen Voraussetzungen im Team abgeklärt wurde und eine Projektidee geboren ist, steht die grundsätzliche Entscheidung zum Finanzierungsweg an. Spätestens an dieser Stelle sollten der Träger, die Eltern und, wenn vorhanden, die Fachberatung mit in die Entscheidungsfindung einbezogen werden. Selbstverständlich hängt die Intensität der Zusammenarbeit auch von der Größe des Projektes ab.

Beteiligte am Entscheidungsprozess

Team

Während der Vorüberlegungen sollten alle Fachkräfte der Einrichtung einbezogen sein. Die Grundsatzentscheidung berücksichtigt vor allem die mögliche Leistung im personellen wie im inhaltlichen Bereich. (→ *Leistungsprofil, Seite 65ff*)

Träger

Nicht nur die rechtliche Dimension des Vertragsverhältnisses zum Sozial-Sponsoring mit Leistung und Gegenleistung macht die Beteiligung des Trägers notwendig. Er muss als offizielles Bindeglied zur Öffentlichkeit diesen Beschluss mitentscheiden und mittragen. Rechtliche Fragen zu steuerlicher Behandlung und Vertragsgestaltung obliegen seiner Entscheidungsgewalt – auch wenn dies oft genug wieder an die Leitung der Kindertagesstätte zurückdelegiert wird.

Eltern

Das von der Kindertageseinrichtung angebotene Leistungspaket beinhaltet, dass das Unternehmen das soziale Ansehen der Einrichtung zur Aufwertung des eigenen Images nutzen darf. Dieses soziale Ansehen wird wesentlich durch die Kinder geprägt. Eltern haben deshalb einen Anspruch auf ein Mitspracherecht, wenn es um die Belange ihrer Kinder geht. Auch für sie muss der Inhalt solch eines Abkommens transparent sein. Ein weiterer wichtiger Aspekt ist die Mithilfe der Eltern, ohne die ein größeres medienwirksames Projekt

nicht durchführbar wäre. Es ist also nur von Vorteil, die Elternbeiräte oder weitere interessierte Eltern schon in die Vorplanungen mit einzubeziehen.

Fachberatung

Fachliche Hilfestellung und eine objektive Sichtweise bietet die Fachberatung. Objektiv auch deshalb, weil sie die Projektidee als unbeteiligte Fachkraft von außen beurteilen und gegebenenfalls mit schon gemachten Erfahrungen vergleichen kann.

Sponsoring Agentur – ja oder nein?

Die überschaubare Dimension von Sozial-Sponsoring-Projekten im Kindertagesstättenbereich macht es normalerweise möglich, solch ein Vorhaben aus eigener Kraft durchzuführen. Trotzdem ist der organisatorische und kommunikative Aufwand nicht zu unterschätzen. Besonders die einzusetzende Arbeitsleistung und das notwendige Zeitbudget müssen gegengerechnet werden. Die Dienstleistung einer professionellen Sponsoring-Agentur in Anspruch zu nehmen, sollte gerade bei umfassenderen Projekten in Erwägung gezogen werden. Die Vorteile liegen nicht nur in der zeitlichen Entlastung, sondern vor allem in einer professionellen Beratung und Serviceleistung, die verschiedene Elemente umfassen kann.

Serviceleistungen einer Sponsoring-Agentur

- Konzeption und Kalkulation des Projektes
- Präsentationsmappe, Projektpräsentation, Marketingstrategie
- Sponsorensuche und Kontaktanbahnung
- Planung und Umsetzung des Projektes
- Medienkontakte, Übernahme der PR-Arbeit

Ein großer Vorzug ist in der Objektivität und Glaubwürdigkeit der Agentur bei der Vermittlung der Partner zu sehen. Ein professionelles Auftreten bei potenziellen Sponsoren hat eine sehr positive Wirkung. Auch schon bestehende Kontakte zu Organisationen, Verbänden, Medien und möglichen Spendern sind wichtige Pluspunkte.

Letztendlich liegt der entscheidende Faktor jedoch im Kosten/Nutzen-Verhältnis und dieses muss mit dem Träger der Einrichtung abgewogen werden. Die Kosten für die Dienstleistung sollten in einem sinnvollen Verhältnis zum Umfang des Projektes und zur Höhe der akquirierten Mittel stehen. Beratungs- und Servicekosten werden sehr unterschiedlich gehandhabt und können bis zu 30 % der Sponsorensumme abschöpfen. Sie können auf Provisionsebene basieren – also einen gewissen Prozentsatz der ausgehandelten Sponsorensummen betragen oder als festes Entgelt vereinbart werden, das teilweise auch vom Erfolg abhängig gemacht werden kann.

Recherchetipps Sponsoring-Agenturen

Wegen des sich laufend ändernden Angebots auf dem Sponsoring Agenturenmarkt ist es schwierig, hier konkrete Empfehlungen zu geben. Doch seien hier einige Anlaufstellen für die eigene Recherche genannt, wo aktuelle Informationen eingeholt werden können.

- Die Europäische Sponsoringbörse bietet einen Überblick über verschiede Agenturen mit Leistungsprofilen an. (siehe: www.esb-online.com)
- Bundesarbeitsgemeinschaft Sozialmarketing (siehe: www.sozialmarketing.de/agentur.htm.)
- Adressbuch Direktmarketing des DDV, Hasengartenstraße 14, 65189 Wiesbaden

Zwar ist die Partnerschaft mit einer Kindertagesstätte noch die große Ausnahme – aber vielleicht liegt gerade darin der „Reiz des Neuen" und somit eine gute Chance für eine Gewinn bringende Zusammenarbeit mit Agenturen. Zwei Beispiele mit sehr unterschiedlichen Ansätzen seien hier aufgeführt:

- **„neues handeln"** mit Sitz in Köln und Berlin ist eine seit 1989 etablierte Sozialmarketing-Agentur, die große, bundesweite Sponsorships, aber auch kleinere, regionale Projekte vermittelt. Ein Einblick in den Kundenkreis zeigt das Spektrum der Agentur: Care Deutschland, Bund der Deutschen Kath. Jugend, Deutsche Aids Stiftung, Ev. Diakonissenanstalt Speyer, Terre des Hommes, Zieglersche Anstalten, Misereor, Stadt Münster. Bekannt wurde die Werbekampagne „Die Nummer gegen Kummer", ein Sorgentelefon für Kinder und Jugendliche, das in Zusammenarbeit vom deutschen Kinderschutzbund und von C&A realisiert wurde.
Adresse: neues handeln GmbH Köln/Berlin, Theodor-Heuss-Ring 52, 50668 Köln, Tel.: 02 21 / 16 08 20, Fax: 02 21 / 1 60 82 24, Email: info@neueshandeln.de, www.neueshandeln.de

- „**Jeronimo – Das Kindergarten-Netzwerk**" ist eine der ersten Organisationen, die sich auf Sponsorships und Fundraising im Kita-Bereich spezialisiert haben. Mit seinen Konzepten für Sozial-Sponsoring möchte Jeronimo Prozesse in Gang setzen, um die Kräfte der Wirtschaft und des sozialen Bereichs zu bündeln mit dem Ziel, die Lage der Kinder in Deutschland zu verbessern. Nach einem Baukasten-Prinzip werden verschiedene Service-Pakete für die Anbahnung, Organisation und Durchführung eines Sozial-Sponsoring Projektes angeboten. Weiterhin versteht sich Jeronimo als Netzwerk für den Kindertagesstättenbereich und bietet über einen träger- und regionsübergreifenden „Online-Ideenpool" Austausch und nachhaltige Antworten auf den andauernden Wandlungsprozess im Kita-Bereich an.

Adresse: Jeronimo – das Kindergarten-Netzwerk, Christine Neumann und Martin Gries, Postfach 94, 67477 Edenkoben, Tel.: 0 63 23 / 98 18 14, Fax: 0 63 23 / 98 18 15, Email: m.gries@jeronimo.net, www.jeronimo.net

Schritt 3: Das Sponsoring-Konzept als Vorbereitung für die Partnerschaft

Die Beschreibung der eigenen Ziele des geplanten Projektes bildet die Grundlage für die anschließenden Überlegungen zu den möglichen Leistungen der Sponsoring-Partner. Folgende Fragen müssen geklärt werden:

- Was können wir bieten?
- Was erwarten wir?

Decken sich die eigenen Ziele mit den Unternehmenszielen, stehen die Chancen für ein Sponsorship gut.

Zielbestimmung

Ein Partner muss wissen, wohin die Reise geht. Deshalb ist eine Zielbestimmung die Voraussetzung für weitere Planungen. Die Differenzierung der konkreten Ziele erfolgt immer individuell in Bezug auf das Projekt, doch können in Kapitel 2 aufgelisteten Motive *(→ Seite 39f.)* als Orientierung dienen. Ob die Projektidee zuerst da war und sich daraus das Ziel ableitet oder der Weg umgekehrt gegangen wird, ist dabei nicht wichtig.

Mögliche Ziele eines Projektes

- Aufwertung des eigenen Images (z.B. Kunstprojekt)
- Intensivierung der Öffentlichkeitsarbeit (z.B. Ausstellung der Konzeption)
- Erproben neuer pädagogischer Modelle (z.B. spielzeugfreie Wochen)
- Stellungnahme zu gesellschaftspolitischen Themen (z.B. Fremdenfeindlichkeit)
- Teilnahme am gemeinschaftlichen Leben im Umfeld (z.B. Einweihung eines Altenheimes)
- Bauliche Veränderungen für eine pädagogische Wertsteigerung (z.B. Einbau einer zweiten Ebene)
- Zusatzangebote außerhalb der Regelbetreuung (z.B. Einrichtung einer Beratungsstelle)
- Effektivierung der Arbeit (z.B. Anschaffung eines Computers mit speziellem Kita-Programm)

Leistungsprofil

Leistungen des Sponsors

Je nach Projektzielsetzung kann die Kindertageseinrichtung an sehr unterschiedlichen Leistungen des Sponsors interessiert sein. Bei der großen Bandbreite möglicher Sponsorships können die folgenden Punkte lediglich eine Orientierungshilfe sein. Die konkreten Vertragsinhalte müssen letztlich mit dem Sponsor ausgehandelt werden *(→ Vertragsverhandlungen und -inhalte, Seite 74)*.

Leistungsarten beim Sozial-Sponsoring

1. Geldleistung

Eine realistische Kalkulation des benötigten Betrages ist Voraussetzung. Eine Nachforderung, weil die Projektkosten falsch eingeschätzt wurden, wirkt schlecht. Es ist besser, Eventualitäten mit einzuplanen und das Budget großzügig anzusetzen.

2. Sachleistungen

Die Überlegungen der Kita, welche Sachleistungen benötigt werden, können auch schon eine Richtung für die Sponsorensuche andeuten. So wird eine Druckerei statt einer Geldleistung lieber Papier geben, der Supermarkt eher Lebensmittel.

3. Dienstleistung

Die Übernahme der Pressearbeit, die Organisation von Veranstaltungen, die Erstellung von Einladungen oder die Koordination von handwerklichen Leistungen – je nach Organisationsstruktur des Sponsors sind viele Dienstleistungen denkbar.

4. Secondment

Beim so genannten Secondment werden Mitarbeiterinnen und Mitarbeiter des Unternehmens für eine bestimmte Zeit an die soziale Einrichtung „ausgeliehen", um ihr Fachwissen vor Ort einzubringen. Dies wäre auch für eine Kindertageseinrichtung durchaus vorstellbar, z.B. bei der Installation eines Computers mit entsprechender Einführung für das Kita-Personal.

Mögliches Leistungsprofil der Kindertageseinrichtung

Das Leistungsangebot der Kindertagesstätte muss vor den eigentlichen Vertragsanbahnungen im groben Rahmen festgelegt und auf Machbarkeit geprüft werden. Nichts wirkt unprofessioneller als vollmundige Versprechen, die nicht eingehalten werden können! Unter Berücksichtigung der ethischen Grundsätze, die immer für den Einzelfall abgewogen werden müssen, gibt es viele Möglichkeiten des Leistungsangebotes:

* Überlassen der Nutzungsrechte des Kita-Logos für abgesprochene Werbemaßnahmen

* Erwähnung des Sponsors auf allen Werbeaktionen für das Projekt, wie Plakate, Einladungen, Handzettel, Faltblätter, Pressemitteilungen, Elternbriefe, Kita-Zeitung

* Erwähnung der Aktivitäten als Sponsor in Anzeigen, Betriebszeitung, Geschäftspost des Unternehmens

* Gemeinsames Auftreten bei öffentlichen Veranstaltungen beider Partner wie Feste, Messen, Vernissagen, Benefizveranstaltungen oder Pressekonferenzen

● Während des Projektes *Wirtschaft und Soziales – eine starke Partnerschaft* haben die Kindergärten eine Betriebsbesichtigung und eine Weihnachtsfeier des Sponsors aktiv unterstützt.

☀ Führungen und Vorträge für die Mitarbeiterschaft des Sponsors in der sozialen Einrichtung

- Das Projekt *Lirum Larum Löffelstil* hat die Belegschaft ihrer Sponsoren in den Kindergarten eingeladen, mit dem Erfolg einer sehr positiven Rückmeldung der Mitarbeiter/-innen zu den Aktivitäten der eigenen Firma.

☀ Beratung bei internen pädagogischen Fragen, z.B. Betriebskindergarten, Doppelbelastung Berufstätigkeit und Elternschaft

☀ Bereitstellen von Werbeflächen

☀ Produktpräsentationen in der sozialen Einrichtung

- Im Kindergarten Bayreuther Straße lag während des Projektes Lirum Larum *Löffelstil* Informationsmaterial über die Produkte der Sponsoren aus.

☀ Vermittlung von Kontakten zur pädagogischen Fachszene

Projektbeschreibung: Wie verkaufen wir unsere Idee?

Eine interessante Verpackung macht neugierig! Deshalb ist die Darstellung des Projektes, ob in einer Mappe oder als Präsentation vor Ort, von elementarer Bedeutung für die Zusage eines Partners. Auch hier gilt wieder die alte Regel: Der Köder muss dem Fisch schmecken, nicht dem Angler!

Projektmappe

Die Projektmappe ist das erste Aushängeschild Ihrer Einrichtung gegenüber dem potenziellen Partner! So bunt und vielfältig Kindertagesstätten mit ihren Ideen sind, so vielgestaltig kann auch solch eine Mappe ausfallen. Dabei ist nicht perfekter Hochglanz gefragt, sondern Individualität – aber in professioneller Ausgestaltung. Eine klare Ordnung und Übersichtlichkeit sind wichtig.

Vorschlag für den Aufbau einer Projektmappe

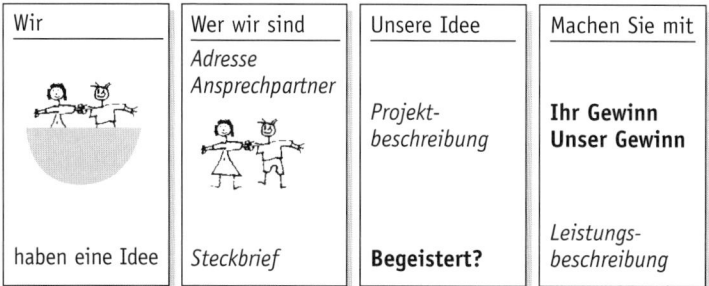

Wir	Wer wir sind	Unsere Idee	Machen Sie mit
	Adresse *Ansprechpartner*	*Projekt-* *beschreibung*	**Ihr Gewinn** **Unser Gewinn**
haben eine Idee	*Steckbrief*	**Begeistert?**	*Leistungs-* *beschreibung*

Äußere Gestaltung: Ob Einschiebe- oder ein Einlegeordner aus Plastik oder Karton – wichtig ist, dass die Mappe aus festem Material besteht und nicht in den Händen auseinander fällt. Der erste Text/Bild soll neugierig machen und zum Weiterlesen auffordern.

Tipp: Bei einer öffentlichkeitsorientierten Kindergartenarbeit werden immer wieder größere und kleinere Schriften und Veröffentlichungen anfallen. Hier lohnt sich die Anschaffung eines Laminier- oder Bindegerätes (zwischen 150 und 250 DM), mit dem schnell und sauber eine Dokumentation zusammengestellt werden kann. Das Binden/Laminieren kann von Eltern oder auch von den „großen" Kindern übernommen werden.

Innere Gestaltung: Der Adressat weiß bisher noch nichts oder wenig von Ihrer Idee, hat aber wenig Zeit, sich damit zu befassen und wird erst einmal „querlesen". Eine klare Ordnung mit eindeutigen Überschriften oder Wegweisern ist wichtig. Der Umfang sollte fünf Seiten nicht überschreiten. Eine klare, einheitliche Schriftgestaltung erleichtert es, den Inhalt schnell zu erfassen. Bilder oder Sprüche von Kindern lockern den Text auf. Ein wenig Farbe, auch von den Kindern nachträglich eingemalt, wirkt individuell und gibt Pepp. Beachten Sie den Grundsatz „Weniger ist mehr"! Erzieherinnen und Erzieher neigen zu barocker Gestaltung, die meist unübersichtlich wird. Ein kurzes, knappes und professionelles Layout überzeugt mehr.

Tipps für den Aufbau einer Projektmappe

- Der Einstieg mit der Projektidee weckt zunächst Interesse.
- Eine Kurzvorstellung des Kindergartens zeigt das Profil und wer hinter der Idee steckt (→ *Imagebildung, Seite 50ff*).
- Die Ausführungen zum Projekt stellen kurz die Zielsetzung und den geplanten Ablauf vor.
- Das Leistungsangebot und die Leistungserwartungen sind knapp zu umschreiben. Detaillierte Ausführungen werden in den Sponsoring-Vertrag aufgenommen.
- Wenn vorhanden, in einer Seitentasche das Infoblatt des Kindergartens einlegen.

Die Reihenfolge der einzelnen Elemente in der Projektmappe kann je nach individueller Situation variiert werden.

Projektpräsentation

Die Projektpräsentation kann entweder zusätzlich nach dem Zusenden einer Projektmappe zur vertiefenden Information dienen (bei größeren Projekten) oder nach einer telefonischen Voranfrage angeboten werden. Dabei handelt es sich um eine persönliche Vorstellung des Projektes, verstärkt mit visuellen Mitteln. Ob mit Overhead-Projektor oder Moderationstafeln ist individuell zu entscheiden. Die Inhalte und der Aufbau entsprechen in etwa der Projektmappe, wobei bei der optischen Präsentation kurze und prägnante Kernaussagen genügen, wenn die Ausführungen sprachlich erläutert werden. Der Vorteil liegt hier eindeutig im Dialog und der Kommunikation von Mensch zu Mensch. Es kommt hier sehr stark auf die Persönlichkeit des Vortragenden an, deshalb sollte diese Möglichkeit nur gewählt werden, wenn man/frau sich in diesem Metier sicher fühlt. In jedem Fall wichtig ist ein kurzes, knappes und professionelles Layout (Hartmann/Funk/Nietmann 1998)! Die AIDA-Formel legt eine Grundstruktur für alle Präsentationsformen fest.

AIDA-Regel

Attention: Aufmerksamkeit innerhalb weniger Sekunden erzielen.
Interest: Interesse wecken, Lösungsvorschläge für ein Problemfeld aufzeigen.
Desire: Den Wunsch wecken, bei der Lösung mitzuwirken.
Action: Entscheidung vom passiven Wunsch zum aktiven Engagement herbeiführen.

Schritt 4: Partnersuche

Auswahlkriterien: Wie finden wir den richtigen Partner?

Ein echter Marlboro-Cowboy würde im Rahmen des Themas „Wilder Westen" im Kindergarten sicher ein großes Hallo auslösen – die entrüsteten Reaktionen der Eltern und des weiteren Umfeldes wären aber gewiss! Generell gelten bei der Sponsorensuche zunächst einmal die ethischen Grundregeln, die in Kapitel 2 bereits angesprochen wurden.

- Das Projekt Lirum Larum Löffelstil hat eine Fastfood-Kette ganz bewusst nicht in seine Liste der möglichen Partner aufgenommen, obwohl diese im nahen Umkreis des Kindergartens angesiedelt ist.

Die Auswahl des richtigen Partners ist ein zeitaufwendiges Geschäft und benötigt ein sensibles Gespür. Eine Faustregel besagt, dass auf 40 Anfragen eine Zusage kommt. Selbstverständlich können auch mehrere Partner in ein Projekt eingebunden sein, was allerdings die Exklusivität besonders im Hinblick auf die Öffentlichkeitsarbeit beeinträchtigt. Ebenso ist die Aufnahme von Sponsoren und Spendern in einem Projekt möglich *(→ Projekt Lirum Larum Löffelstil, Seite 81ff)*.

Bewertung der Glaubwürdigkeit

Die nachstehende Grafik zeigt ein Meinungsbild der Bevölkerung, welche Wirtschaftsunternehmen gut für Sponsoring-Aktionen im sozialen Bereich passen würden. Diese Einschätzung ist ein wichtiger Indikator dafür, in welchen Fällen das soziale Engagement von Unternehmen und die Partnerschaft mit Kindertageseinrichtungen für glaubwürdig erachtet wird.

Glaubwürdigkeit im Hinblick auf soziales Engagement

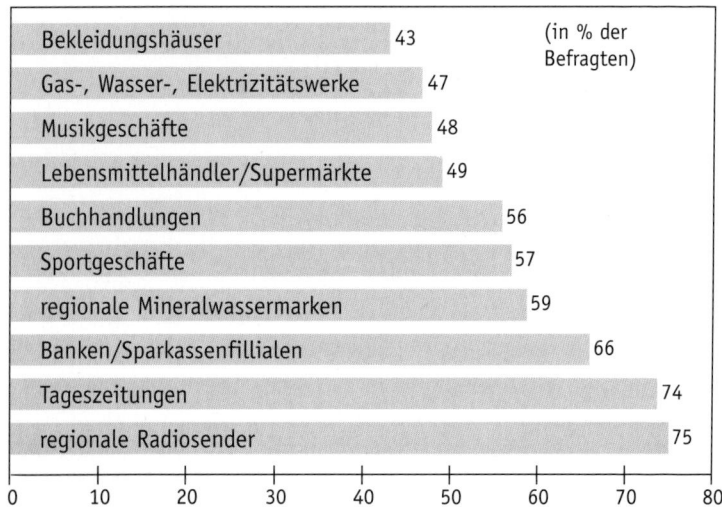

	(in % der Befragten)
Bekleidungshäuser	43
Gas-, Wasser-, Elektrizitätswerke	47
Musikgeschäfte	48
Lebensmittelhändler/Supermärkte	49
Buchhandlungen	56
Sportgeschäfte	57
regionale Mineralwassermarken	59
Banken/Sparkassenfillialen	66
Tageszeitungen	74
regionale Radiosender	75

Quelle: Regional-Sponsoring, Ipsos, 97–98

Die Wege zum Unternehmen können ganz unterschiedlicher Natur sein, und eine allgemein gültige Vorgehensweise gibt es nicht.

Unternehmensgröße und regionale Bezüge

✳ Klein- und Familienbetriebe sowie mittelständische Unternehmen sind die hauptsächlichen Ansprechpartner für Kindertagesstätten (→ *Klein aber fein – mit dem Mittelstand auf neuen Wegen, Seite 44f).*

✳ Eine klare Ortsgebundenheit und Traditionen vor Ort zeichnen ein Unternehmen aus, sich für die sozialen Belange des Gemeinwesens zu interessieren.
Tipp: Erkundigen Sie sich über das soziale Engagement der Unternehmen vor Ort. Oft finden sich über bereits laufenden Aktivitäten Verbindungsmöglichkeiten.

✳ Die beste Voraussetzung für eine fruchtbare Partnerschaft sind Eltern als Mitarbeiter oder Besitzer eines Unternehmens, da ein direktes Interesse beider Seiten besteht.

✳ Kontakte und Beziehungen, die über Eltern oder den Träger schon vorhanden sind, können vermittelnd und als Referenz wirken.
Tipp: Nutzen sie diese Beziehungen besonders auch, um direkte Ansprechpartner ausfindig zu machen und persönliche Kontakte herzustellen.

✳ Jubiläen ortsansässiger Firmen, Einklinken bei Sonderveranstaltungen der Firmen wie z.B. Gewerbeschauen, sonstige örtliche Aktivitäten, Feste, Ausstellungen etc.

Übereinstimmung von Firmenimage oder Firmenprodukten und Projektzielen der Kita

✳ Das Firmenimage passt zur Philosophie der Kindertageseinrichtung.
Tipp: Sammeln Sie Werbeanzeigen, Presseberichte und Broschüren von verschiedenen Unternehmen vor Ort zum Vergleich. Ein passender Werbeslogan wie z.B. „Gehen Sie mit uns neue Wege, denn nur gemeinsam können wir etwas bewegen" oder „Wir machen den Weg frei" kann der Anlass zum Erstkontakt sein.

✳ Das Produkt der Firma passt zum beabsichtigten Projekt. So würde z.B. ein Buchprojekt und eine Buchhandlung oder der Einbau einer zweiten Ebene mit einem Architektenbüro oder/und einer Baufirma gut harmonieren.

❊ Man kann auch „den Köder passend zum Fisch aussuchen". Manchmal kommt die Projektidee erst, wenn über ein Unternehmen als möglichen Sponsor nachdacht wird. So könnte das 70-jährige Jubiläum einer Firma Anlass sein, mit den Kindern ein Projekt „Wie vor 70 Jahren" durchzuführen. Die Ergebnisse könnten die Jubiläumsfeierlichkeiten bereichern.

Tipp: Bei umfangreicheren Projekten ist es sinnvoll, eine Liste potenzieller Unternehmen zu erstellen, die auf Grund Ihres Firmenimages oder des Produktes zum geplanten Projekt passen könnten.

Erste Kontaktaufnahme: Post oder Telefon?

Wenn der erste Kontakt nicht über die persönliche Beziehungsebene möglich ist, bleibt nur der offizielle Weg über Post oder Telefon. Der erste Eindruck ist dabei oftmals entscheidend! Beachten Sie bei der ersten Kontaktaufnahme die folgenden Hinweise, erhöht dies Ihre Aussichten auf Erfolg.

Ansprechpartner

Erkundigen Sie sich vorher nach einem direkten Ansprechpartner, der oder die für solch ein Anliegen zuständig ist. Ob per Brief oder per Telefon – die persönliche Ansprache vermeidet die Anonymität, wirkt wichtiger und verhindert beim postalen Weg das „Herumirren" des Briefes.

Anschreiben

Das Anschreiben sollte eine kurze, aber prägnante oder gar ausgefallene Zusammenfassung der Projektidee beinhalten. Dabei ist auf eine empfängerorientierte Sprache zu achten, pädagogische Begrifflichkeiten und langatmige Problemanalysen sind zu vermeiden.

Leistungsprofil

Ein Überblick über das mögliche Leistungsprofil für beide Seiten soll Interesse wecken *(→ Leistungsprofil, Seite 65ff).*

Projektmappe

Es ist möglich, schon beim ersten Anschreiben eine Projektmappe beizulegen. Bei kleineren Anliegen ist das Angebot einer persönlichen Projektpräsentation sinnvoller *(→ Projektmappe, Seite 67ff).*

Telefonische Nachfrage

Ein paar Tage nach Absenden der Anfrage kann eine telefonische Nachfrage zum ersten persönlichen Kontakt führen. Der angegebene Telefonleitfaden, modifiziert auf die Situation, gibt Hilfestellung.

Telefonische Direktanfragen

Eine telefonische Direktanfrage benötigt eine gute Vorbereitung, um auch hier das Anliegen überzeugend zum anderen Ende der Leitung zu übermitteln. Ein Telefonleitfaden unterstützt Sie, Ihr Anliegen klar vorzutragen und verhindert peinliche „Äh's", wenn man sprichwörtlich den Faden verloren hat.

Telefonleitfaden für Sponsoring-Anfragen

- Kurze Vorstellung der Person und Funktion
- Grund des Anrufes: knappe(!) Beschreibung der Projektidee
- Die Vorteile für das Unternehmen
- Bitte um Vorstellung per Mappe oder persönliche Präsentation
- Papier, Stift und Terminkalender für ein evtl. Treffen bereithalten, Namen des zuständigen Ansprechpartners vorher notieren, um direkt anzusprechen.
- Auf Dialog achten: Dem Telefonpartner Gelegenheit zum Bestätigen, Antworten, Nachfragen geben

Persönliche und direkte Ansprache

Örtliche Feste bieten die Möglichkeit, zuständige Personen direkt anzusprechen. Erfahrungsgemäß ist dies sehr erfolgreich!

Schritt 5: Keine Partnerschaft ohne Vertrag

Klare Absprachen vermeiden Missverständnisse.

Die Erfahrung aus allen bisher mit Erfolg durchgeführten Projekten zeigt, wie wichtig eine vertragliche Regelung ist. Sowohl die soziale Einrichtung als auch der Sponsorpartner bekennen sich klar zu ihren wirtschaftlichen und ideellen Zielen und legen damit auch den ethischen Rahmen fest. Die eindeutige und vertragliche Regelung ermöglicht eine effiziente und konfliktfreie Durchführung. Deshalb ist eine schriftliche Fixierung in Vertragsform dringend geboten.

Vertragsverhandlungen und -inhalte

Für die Vertragsverhandlungen sollte genügend Zeit eingeplant und ein entspanntes Ambiente gewählt werden. Nach den Vorbereitungen, wie sie in den vergangenen Schritten ausgeführt wurden, sind Sie gut gerüstet, Ihr Leistungsprofil und das des Partners miteinander zu diskutieren und auszuhandeln. Die Vertragsinhalte können sich auf Geldleistung, Sachleistung, Dienstleistung und Secondment beziehen *(→ Leistungsprofil, Seite 65ff)*.

Tipps für die Vertragsverhandlungen

Für die Verhandlungen mit dem Sponsor-Partner empfiehlt es sich, folgende Unterlagen schriftlich vorzubereiten:

- Zielbestimmung des Projektes
- das eigene Leistungsangebot
- die Erwartungen an die Gegenleistung
- Argumente zu Vorteilen für das Wirtschaftsunternehmen
- Vertragsmuster

Vertragsgestaltung

Ein Sponsoring-Vertrag ist ein „Vertrag eigener Art" , das heißt es herrscht freie Vertragsgestaltung. So genannte Leistungsstörungen werden mit den Rechtsvorschriften im Vertragsrecht bzw. Schuldrecht des BGB (§ 305, § 241) geregelt. Durch die sehr individuellen Gegebenheiten der Sponsoring-Projekte ist ein einheitlicher Vertragsentwurf so auch gar nicht möglich. Er muss den spezifischen Besonderheiten des Projektes angepasst werden, für einen Laien ein schwieriges Unterfangen. Sicher ist auch hier wieder der Umfang des Projektes von Bedeutung. Die Lektüre des Buches „Der Sponsoringvertrag" von Weiand (1995) gibt gute Orientierungshilfen, die für beide Seiten relevant sind. Auf jeden Fall sollte der Vertrag zur Absicherung beider Partner rechtlich und steuerrechtlich von Fachleuten überprüft werden (Lang/Haunert 1995, S. 97ff).

Tipp: Die Rechtsanwaltspraxis oder das Steuerbüro könnten die Beratung auch in Form eines Sponsorings erledigen. Es ist sicher eine Imageaufwertung, wenn die Kunden vom unentgeltlichen Beratungsservice für eine Kindertagesstätte erfahren.

Folgende Elemente können als Anhaltspunkte hilfreich sein (vgl. Bruhn 1990, S. 178, Schiewe 1995, S. 88):

✷ Die Benennung der Beteiligten (Ist der Sponsor Exklusivsponsor oder gibt es noch weitere Sponsoren?)

✷ Art und Umfang der von beiden Seiten zu erbringenden Leistungen (Geldleistung, Sachleistung, Dienstleistung, Secondment). Die einzelnen Nutzungsrechte sollten so genau wie möglich benannt werden, um einerseits einem ethischen Missbrauch vorzubeugen und andererseits den werbewirksamen Erfolg zu garantieren!

✷ Zuständigkeiten für die Durchführung

✷ Gegenseitige Informationspflicht

✷ Der Zeitraum der Fälligkeit der einzelnen Leistungen und Dauer des gesamten Projektes

✷ Einbindung von Beratungsfirmen und/oder Agenturen

✷ Kündigungsbedingungen mit Fristen und Terminen bei Nichterfüllung

Muster-Vereinbarung

§ 1 Vertragsparteien

Zwischen _____(Gesponserter) und der

Firma_____(Sponsor) wird Folgendes zur

Förderung des Projektes_____vereinbart:

§ 2 Leistung des Sponsors

Der Sponsor unterstützt den Gesponserten mit

finanziellen Leistungen in Höhe von_____

sachlichen Leistungen _____

personellen Leistungen _____

zeitliche Festlegung pro Monat/halbjährlich/jährlich_____

einmalig _____

Die Zuwendung ist zweckgebunden an das o.g. Projekt.

§ 3 Leistung des Gesponserten

Der Gesponserte verpflichtet sich als Gegenleistung für die in §2 genannten Leistungen des Sponsors zu folgendem Tun oder Unterlassen:

Die Veröffentlichung und Erwähnung der Zuwendung in folgender Weise:

Auf Druckwerken _____

Im Medienbereich _____

_____

Weitere Veröffentlichungen sind mit der sozialen Einrichtung abzuklären.

Teilnahme an folgenden Veranstaltungen_____

_____

§ 4 Laufzeit des Vertrages

Der Vertrag beginnt am_____

und endet am _____

§ 5 Recht auf außerordentliche Kündigung

Beide Vertragspartner haben das Recht, den Vertrag außerordentlich zu kündigen – ohne Einhaltung einer Kündigungsfrist, wenn das Projekt vorzeitig abgebrochen wird.

_____

Ort, Datum_____

Vertragspartner_____

_____

Schritt 6: Realisierung – Jede Partnerschaft braucht Pflege

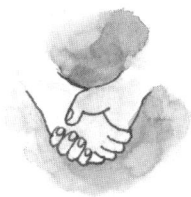

Kontinuierlicher Dialog zwischen den Partnern

Ein regelmäßiger Austausch zwischen den Sponsoring-Partnern ist für den reibungslosen Ablauf des Projektes unabdingbar. Die Projekttreffen können abwechselnd bei den beiden Partnern abgehalten werden, Voraussetzung ist ein möglichst störungsfreier Verlauf der Sitzungen und eine Strukturierung von Ablauf und Inhalten. Die Ergebnisse sollten schriftlich festgehalten werden. Effizienz ist hier die Devise!

> „Wenn ich am Anfang gesagt habe, ich gehe jetzt in den Kindergarten wurde das belächelt. Als das Projekt über die Mitarbeiterzeitung und die Ausstellung im Betrieb bekannter wurde, waren meine Treffen im Kindergarten ganz anders akzeptiert!"
>
> Britta Uhl, Ansprechpartnerin bei Bürkert GmbH
> für das Projekt Wirtschaft und Soziales

Feste Ansprechpartner auf beiden Seiten

Der Kommunikationsfluss muss schnell und durchgängig möglich sein. Feste Ansprechpartner auf beiden Seiten erleichtern den Dialog, was allerdings nicht von der Informations- und Absprachepflicht mit den übrigen Kolleginnen und Kollegen entbindet. Die zuständige Person in der Kita übernimmt auch einen gewissen „Sympathietransfer" und sollte sich über Strukturen und Spielregeln des Unternehmens vorab informieren und Flexibilität und Offenheit mitbringen.

Gegenseitige Akzeptanz der jeweiligen Strukturen

Die Akzeptanz der zunächst fremden Strukturen beider Partner ist ebenfalls unverzichtbare Voraussetzung einer guten Zusammenarbeit. Termindruck, Konferenzen oder Betriebsversammlung auf der einen Seite versus Waldtage, Elterngespräch oder ein weinendes Kind auf der anderen Seite offenbaren Unterschiede in den Arbeitsabläufen und der Prioritätensetzung, die beide Partner tolerieren müssen.

Zielüberwachung

Für die Wirtschaft ist die konsequente Erfolgskontrolle überlebensnotwendig, für uns sollte dieses Instrument ebenfalls zum festen Bestandteil innerhalb der eigenen Qualitätsüberwachung werden.

Kurskorrekturen während des Projektes

Eine Zielformulierung macht nur Sinn, wenn auf dem Weg dorthin der Kurs immer wieder überprüft und wenn nötig korrigiert wird. Die allgemeinen Sponsoringziele wie auch die einzelnen Teilschritte, Maßnahmen und Termine müssen während der Durchführung immer wieder überprüft werden. Eine akribische Vorplanung aller Maßnahmen, eingebunden in ein Zeitraster, hat sich als effiziente Kontrolle erwiesen. Am Beispiel des Personal- und Zeitplanes aus dem Projekt Regenbogen-Art soll dies deutlich gemacht werden. Die einzelnen Personen werden den Aufgaben mit einer Farbe zugeordnet und in das Zeitraster eingetragen. So hat man immer den Überblick über erledigte und unerledigte Maßnahmen und kann sie auch den zuständigen Personen zuordnen.

Aufgaben- und Zeitplan: Vorbereitung Ausstellung *Regenbogen-Art*					
Birgit: rot – Christa: blau – Gabi: grün – Pia: gelb – Anette: lila – Elternbeir.: Orange					
Aufgaben	3.-8. Feb	10.-15. Feb	17.-21. Feb	24.-28. Feb	3.-7. März
Plakat- u. Einladungsentwurf Gästeliste					
Einladungen verschicken Plakate kopieren					
Plakate verteilen Texte erstellen					
Künstler					
Eingangstext					
Aufziehen der Texte Bilder sortieren					
Aufziehen der Bilder Pressemitteilungen					
Zeitungen					
Radio Vernissage-Programm					
Redebeitrag					
Essen, Getränke					
Pantomime Aufbauplan					
Utensilien zum Aufbau					
Personeneinteilung					
Quiz erstellen					

Während aller Projektsitzungen mit dem Sponsor ist die Zielkontrolle ein wichtiger Tagesordnungspunkt, um mögliche Abweichungen oder Unzufriedenheiten der Partner schon im Vorfeld abzuklären. Der Mut, ein Projekt zu beenden, wenn abzusehen ist, dass die Vertragsinhalte nicht eingehalten werden, gehört ebenfalls zu einer objektiven und professionellen Durchführung! Allerdings sollte in diesem Fall eine schonungslose Analyse der Gründe erfolgen, damit das nächste Projekt erfolgreich verlaufen kann.

Die allgemeine Zielsetzung lässt sich ebenso visualisieren wie der Maßnahmenplan, um den Weg dorthin überprüfbar zu machen.

Schritt 7: Erfolgskontrolle

Projektanalyse

Eine Auswertung und damit auch Bewertung des Sponsoring ist für beide Partner ein notwendiger Indikator im Hinblick auf die weitere Arbeit. Schon während der Durchführung sollten daher alle Protokolle, Presseartikel, sonstige Veröffentlichungen, Meinungen, Videoaufzeichnungen, Fotos etc. gesammelt werden.

Rückmeldungen über Umfragen

Sehr zu empfehlen ist eine Umfrage bei den Eltern und/oder weiterer Zielgruppen. Damit lassen sich konkrete Ergebnisse auch im Hinblick auf den Imagezuwachs des Sponsors und der sozialen Einrichtung erheben. Solch eine Aktion kann man schon in den Vertrag mit einbinden, um auch die Kosten dafür zu decken. Die Ergebnisse sollten dokumentiert und bei positiven Rückmeldungen auch an die Öffentlichkeit weitergegeben werden.

Schlussbilanz im Abschlussgespräch

Bewährt hat sich auch ein Abschlussgespräch mit dem Sponsor, bei dem noch einmal gemeinsam Resümee gezogen werden kann. Alle Ergebnisse, auch die Fehler und Schwächen, gehören auf den Tisch. Auf der Basis dieser Projektanalyse können Verbesserungen im Hinblick auf ein weiteres Projekt angestrebt werden. Die Analyse rundet die Zusammenarbeit ab und gibt dem Verhältnis der Partner einen guten Schlusspunkt. Und: Die Erfolgskontrolle des laufenden Projektes kann schon der Auftakt zur Akquise eines neuen Projektes sein!

Fehlervermeidung

Fast bei jedem Projekt passieren Fehler, insbesondere dann, wenn es die erste Aktion dieser Art ist. Wichtig ist, die Ursachen von Pannen ohne Scheu genau zu analysieren, um bei künftigen Unternehmungen gewappnet zu sein.

Die häufigsten Fehler (Schiewe 1995, S. 91)

- Überschätzung der eigenen Fähigkeiten
- Verzicht auf schriftliche Vereinbarungen, nur mündlich getroffene Absprachen
- Fehlerhafte Organisation, wie wechselnde Ansprechpartner, nicht ausreichende interne Abstimmungen, unzureichende Festlegung der Kompetenz- und Verantwortungsbereiche, fehlende Professionalität
- Unsachgemäßer Umgang mit finanziellen und materiellen Ressourcen
- Mangelnde Sensibilität gegenüber den Wünschen des Sponsors
- Zu wenige persönliche Kontakte zum Sponsor, fehlende Kommunikation
- Unterschätzung der erforderlichen Pressearbeit
- Falsche Kostenkalkulation und unzureichende Finanzierung des Projektes
- Unterlaufen von Exklusivitätsvereinbarungen (Einbindung weiterer Sponsoren)
- Unterschätzung des Arbeitsaufwandes
- Unzureichende Abklärung und Unterrichtung des Trägers

Kapitel 4

Praktische Tipps und Erfahrungen aus Sponso-ring-Projekten in Kitas

Anderen über die Schulter geschaut

Tipps und Erfahrungen aus der Praxis sind eine wertvolle Hilfestellung für die eigenen Aktivitäten und bevor man selbst loslegt, ist es allemal nützlich, anderen über die Schulter zu schauen. Mit den vier Beispielen aus der Praxis wird die Vielfältigkeit und die Anwendungsbreite von Sozial-Sponsoring deutlich.

✴ *Lirum Larum Löffelstil – ein Kindergarten isst gesund*
  Ein Projekt, das die Dienstleistung einer Sponsoring-Agentur einbezieht

✴ *Schaufenstergestaltung im benachbarten Frisörsalon*
  Ein überschaubares, leicht umzusetzendes Projekt im lokalen Umfeld.

✴ *Kinderkunstausstellung „Regenbogen-Art"*
  Das Medium Kunst bringt einen Kindergarten und ein Unternehmen zu einer starken Partnerschaft zusammen.

✴ *Finanzierung einer familientherapeutischen Fachkraft*
  Ziel ist die Einrichtung einer außerplanmäßigen Personalstelle.

Projekt: Lirum Larum Löffelstiel – ein Kindergarten isst gesund

Beschreibung der Einrichtung

Der Kindergarten Bayreuther Straße ist eine dreigruppige Tageseinrichtung mit 48 Kindern im Alter von zwei bis sechs Jahren und liegt in einem Obdachlosenwohngebiet in Ludwigshafen. Der Träger,

die Ökumenische Fördergemeinschaft Ludwigshafen, hat mit vielfältigen weiteren Betreuungs- und Beratungsformen das Ziel, die soziale Isolation der Bewohner zu überwinden, das Wohnumfeld zu verbessern und letztendlich die Entstehung von neuen sozialen Brennpunkten zu verhindern.

Projektidee

Die schlechte Wohnsituation und das geringe Einkommen der Familien haben Auswirkungen auf die Gesundheit der Kinder. Vor allem aufgrund einer mangelhaften Ernährung ist das Immunsystem der Kinder schwach ausgeprägt und sie sind oft krank. Der Kindergarten wollte den Familien bewusst machen, wie wichtig eine ausgewogene Ernährung für die Gesundheit der Kinder ist. Damit nach anfänglicher Begeisterung gesunde Ernährung auch einen dauerhaft hohen Stellenwert erhält, muss ein Kind öfter als nur einmal in der Woche gesund und vollwertig essen. Dieser Wunsch führte das Team im Frühjahr 1999 zu einer Projektidee: Erstrebenswert wäre ein tägliches Frühstück und Vesper für alle Kinder und die Umstellung des Mittagessens auf vollwertige Ernährung. Die Eltern sollten durch Informations- und Kochabende intensiv an dem Projekt beteiligt werden.

Sponsoring-Entscheidung

Weder der Träger noch die Eltern waren in der Lage, diese Idee zu finanzieren. Zu diesem Zeitpunkt lernte der Leiter des Kindergartens, Karl-Heinz Rinder, während einer Fortbildung zum Thema Fundraising die Agentur Jeronimo – das Kindergarten-Netzwerk kennen. Der Kindergarten und der Träger entschlossen sich, professionelle Hilfe einzuschalten.

Die Sponsoring Agentur

Jeronimo ist eine Sponsoring-Agentur und hat sich darauf spezialisiert, Kindergärten in allen Fragen des Fundraising zu beraten. Beim ersten persönlichen Treffen im Kindergarten wurde ausführlich besprochen, was durch Spenden und Sponsoren realisiert werden kann, was nicht, und wie weitere Schritte aussehen könnten.
Mit einer vertraglichen Einigung übernahm Jeronimo die Organisation des Projektes.

Vertrag zwischen Kindergarten und Sponsoringagentur

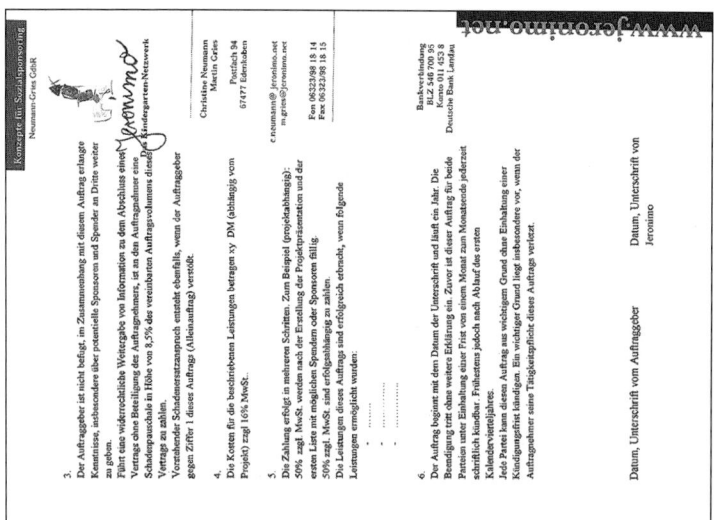

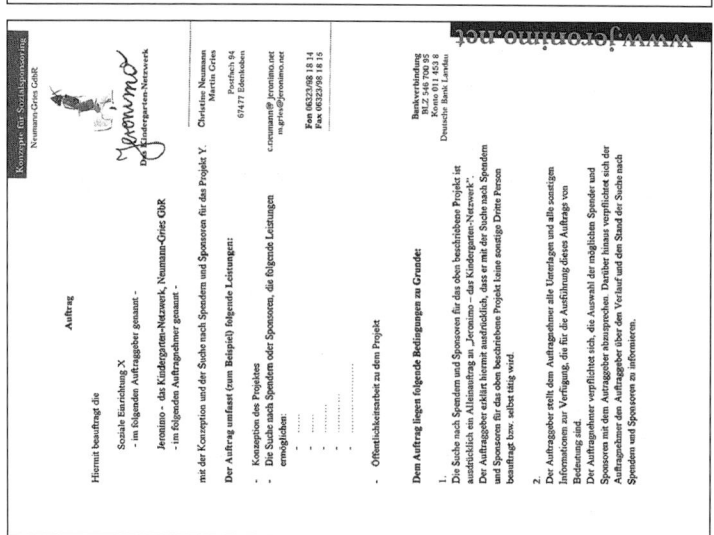

Projektkonzeption und Präsentation

In enger Absprache mit dem Kindergarten und dem Träger entwickelte die Agentur *Jeronimo* das Konzept für das Projekt *Lirum Larum Löffelstiel – ein Kindergarten isst gesund*. Dabei war wichtig, dass die

Ziele der Fördergemeinschaft und die pädagogische Arbeit des Kindergartens im Vordergrund standen. Da Entscheidungsträger in Unternehmen meist keine Zeit haben, ein pädagogisches Konzept zu lesen, hat *Jeronimo* eine Präsentation erstellt, die die Aufmerksamkeit von Unternehmen dadurch zu wecken suchte, dass Ihr das AIDA-Prinzip zugrunde lag.

Sponsorensuche und Auswahl

Mit einer sorgfältig recherchierten Liste von Unternehmen, die zu dem Projekt und dem Kindergarten passten und professionellen telefonischen und schriftlichen Kontakten erreichte Jeronimo eine hohe Resonanz (weniger als zehn Absagen auf eine Zusage). Dabei war es wichtig, dass der Kindergarten zu jedem Zeitpunkt den Überblick darüber behielt, welche Unternehmen angesprochen wurden und so jederzeit die Liste der potenziellen Spender und Sponsoren aktualisieren konnte.

Erste Kontaktaufnahme

Die Sponsorenakquise mit Hunderten von Telefonaten, langwieriger Suche nach den richtigen Ansprechpartnern, zahllosen Briefen und einigen Besuchen bei interessierten Firmen beanspruchte rund ein halbes Jahr. Am Ende entschlossen sich einige Firmen zu großzügigen Geld- oder Sachspenden. Drei Firmen wählten den Weg des Sponsoring.

Vertragsverhandlungen und Leistungen

Das Aushandeln der Leistungen und die Vertragsgestaltung übernahm wieder die Agentur in enger Absprache mit dem Kindergarten.

Leistungen der Sponsoren:

- Die *AlnaturA Produktions- und Handels-GmbH* stellt 1860 Packungen Müsli aus ihrem Sortiment zur Verfügung.
- Die *Bioland-Gärtnerei Blattlaus* aus dem nahe gelegenen Maxdorf bringt dem Kindergarten jede Woche eine Gemüsekiste (Brot und andere Lebensmittel werden von sechs regionalen Firmen gespendet).
- Die *Stadtsparkasse Ludwigshafen* unterstützt das Projekt mit einem höheren Geldbetrag.

Leistungen des Kindergartens:

- Öffentlichkeitskonzept mit Pressearbeit auf lokaler Ebene und im sozialpädagogischen Fachbereich sowie die Organisation eines Rundfunkinterviews
- Erstellen eines Infofaltblattes
- Auslegen des Infomaterials der Firmen in der Einrichtung
- Einladung der Sponsoren zu großen Festen im Jahr, um ein Forum zum Austausch von Kindergarten, Besuchern und Mitarbeitern der Firmen zu schaffen.
- Erstellen einer Präsentationswand mit Bilddokumenten und Informationstexten, die in Firmen, Sparkassen, Läden und kirchlichen Einrichtungen mit Publikumsverkehr aufgestellt werden.

Durchführung und Reflexion

Das Projekt läuft seit April 2000 und hatte durch einen positiven Vorlauf auch in der Presse einen hervorragenden Start. Die Kinder nehmen das Frühstücks-Büfett mit Begeisterung an. Die erfolgreiche Zusammenarbeit veranlasste den Träger, ein weiteres Projekt für alle seine Einrichtungen in Ludwigshafen mit *Jeronimo* anzugehen.

Erfahrungen und Tipps des Kindergartens

- Sich nicht nur auf Geldzuwendungen festlegen, sondern auch Sachleistungen mit einbeziehen, diese werden leichter gegeben.
- Träger immer mit einbeziehen und nicht als Gegner sehen.
- Bei größeren Vorhaben lohnt sich das Einbeziehen einer fachlich versierten Agentur

Tipps von der Agentur

- Verbindlichkeit bei den Verhandlungen ist unabdingbar! Erst die schriftliche Zusage bezeugt den Projektabschluss.
- Schnelle und verbindliche Entscheidungsfindung, eine direkte Kommunikationsstruktur und feste Ansprechpartner.
- Kindertagesstätte, Projekt und Sponsor müssen zusammenpassen

Ansprechpartner für nähere Informationen:
Kindergarten Bayreuther Straße, Karl-Heinz Rinder
Bayreuther Straße 47
67059 Ludwigshafen
Tel.: 06 21/51 83 25, Fax: 06 21/5 29 16 63

Ökumenische Fördergemeinschaft Ludwigshafen, Walter Münzenberger
Falkenstraße 19
67063 Ludwigshafen
Tel.: 06 21/5 95 06 10, Fax: 06 21/5 95 06 29
Email: Foerdergemeinschaft@gmx.de

Jeronimo – das Kindergarten-Netzwerk, Martin Gries
Postfach 94
67477 Edenkoben
Tel.: 0 63 23/98 18 14, Telefax: 0 63 23/98 18 15
Email: m.gries@jeronimo.net
Internet: www.jeronimo.net

Projekt: Kinderkunstausstellung *Regenbogen-Art* (Soziales und Wirtschaft – eine starke Partnerschaft)

Beschreibung der Einrichtungen und des Umfeldes

Der Kindergarten *Regenbogen* in Ingelfingen ist eine zweigruppige Regeleinrichtung im Hohenlohekreis bei Heilbronn. Die evangelische Kirchengemeinde Ingelfingen unterhält als Träger drei weitere Kindergärten mit insgesamt sechs Gruppen. Der Kindergarten *Kunterbunt* ist eingruppig und in kommunaler Trägerschaft der Stadt Ingelfingen. Ländlich geprägte Strukturen und eine konservative Grundhaltung gegenüber vorschulischer Erziehungsarbeit legen es nahe, in der Öffentlichkeit die Bedeutung heutiger Kindergartenarbeit transparent zu machen.

Projektidee

Im Sommer 1996 beschlossen beide Kindergärten als Jahresprojekt die Kunst des 20. Jahrhunderts in den Kindergarten zu holen. Das Vorhaben war als Basis für ein Öffentlichkeitsprojekt gedacht, das die Arbeit am Kind über das Medium Kunst nach außen transportieren sollte. Kinder, Eltern und Erzieherinnen näherten sich mit Begeisterung den Werken großer Meister und produzierten jede Menge „Rohmaterial", um eine eigene Ausstellung gestalten. Da dem Team die positive Wirkung solch einer Präsentation der Kindergartenarbeit in der Öffentlichkeit bewusst war, sollte die Ausstellung auch den passenden professionellen Rahmen bekommen. Es fehlte aber an finanziellen Mitteln zur Umsetzung. Die Erzieherinnen hatten zwar schon etwas von Sozial-Sponsoring gehört, aber keinerlei Erfahrung, mit diesem Instrument umzugehen.

Sponsoring-Entscheidung

Bei einem Besuch der Ausstellung *Funktionelle Grafik*, die die Firma *Bürkert GmbH* anlässlich ihres 50-jährigen Firmenjubiläums veranstaltete, stolperten die Erzieherinnen über den Spruch: „Gehen Sie mit uns neue Wege, denn nur gemeinsam können wir etwas bewegen." Dieser einladende Werbeslogan der Firma machte Mut, einen ganz neuen Weg auszuprobieren. Bewusst wurde nicht die alte Rolle des Bittstellers gewählt. Die Kindergärten wollten für die angefragte finanzielle Unterstützung auch etwas bieten.

Projektpräsentation und erste Kontaktaufnahme

Die erste Kontaktaufnahme mit der Firma fand über die Interpretationen der Kinder von den Kunstwerken statt. Die Firmenleitung war sehr angetan von den Bildern und der Idee, eine kleine Ausstellung zu organisieren. Das Projekt „Kindergarten und Kunst" passte zum Leitbild „think global – act local" des weltweit agierenden Hightech-Unternehmens mit 1500 Mitarbeitern und einer langen Familientradition vor Ort.

Vertragsverhandlungen und Leistungen der Partner

Sehr schnell wurden in einem Gespräch die Rahmenbedingungen der Zusammenarbeit festgelegt:

Leistungen des Unternehmens:
- Die Schirmherrschaft für die Ausstellung
- Einen festgelegten finanziellen Betrag für die Materialien der Ausstellung
- Die Gewinne für ein Ausstellungsquiz
- Das Angebot, das Öffentlichkeitspotential der Firma zu nutzen.

Gegenleistung der Kindergärten:

- Planung und Organisation der Ausstellung *Regen-bogen-Art* mit Vernissage und Begleitprogramm und entsprechender Öffentlichkeitsarbeit.
- Die Erwähnung von *Bürkert* auf allen Druckwerken und im Radiointerview.

Zu keinem Zeitpunkt mischte sich das Unternehmen in die inhaltliche Konzeption des Projektes ein, eine wichtige Voraussetzung beim Sozial-Sponsoring, die die Unabhängigkeit der sozialen Einrichtung garantiert.

Durchführung und Reflexion

Die Ausstellung wurde in enger Zusammenarbeit mit der Firma, den Eltern und den Trägern geplant und durchgeführt. Eine positive Presse, staunende Bürger und Politiker, wohlwollende Träger und hoch motivierte Eltern und Kinder waren ein Ergebnis, das zum Weitermachen ansporrnte. Allerdings galt es an diesem Punkt, das bisher Geschaffte gemeinsam auszuwerten, offen und kritisch zu reflektieren. Dazu wurden die Beweggründe im Team hinterfragt, und geklärt, welche Voraussetzungen für ein weiteres Sozial-Sponsoring Projekt gegeben sein müssten. Bei aller positiver Bewertung war der enorme personelle Einsatz – besonders auch der Eltern – eine Ergebnis, das in diesem Maße nicht ein weiteres Mal zu leisten war. Bei künftigen Projekten sollte dies in die Vertragsverhandlungen einfließen.

Weitere Projekte

Gemeinsam mit dem Sponsoring-Partner entstand eine Strategie für weitergehende Schritte. Eine schriftliche Dokumentation des Projektes und eine Wanderausstellung mit vielen Fotos wurde entwickelt. Diese machte über ein Jahr in Kindergärten, in örtlichen Krankenkassen und sozialpädagogischen Fachschulen im Landkreis die Runde. Höhepunkt war ein Stand und ein Fachforum zum Thema im Mai 1999 beim Bundeskongress Katholischer Kindertageseinrichtungen in Stuttgart. Vernissagen und weitere Fachforen bestritten Sponsor und Kindergarten mit gemeinsamen Redebeiträgen, jeweils aus der Sicht des Partners, was auf eine sehr gute Resonanz stieß.

Werbe-Flyer für das Projekt *Regenbogen-Art*

Aber auch hier waren Leistung und Gegenleistung vertraglich festgelegt.

Leistungen der Firma:
- Druck der Dokumentation der dazugehörigen Werbe-Flyer
- Fester Betrag für die Auslagen der Wanderausstellung
- Die Benutzung der Öffentlichkeitsabteilung für Pressewege und
politischer Kontakte
- Personelle und sachliche Hilfestellung beim Auf – und Abbau (z.B.
Bereitstellen eines Firmenwagens, Kopien im Unternehmen)

Leistungen des Kindergartens:
- Erstellung der Dokumentation und der Ausstellungswände
- Planung und Organisation der verschiedenen Ausstellungsorte

Im Juli 1999 wurde das Projekt offiziell in feierlicher Runde mit
einem gemeinsamen Essen – auch für alle beteiligten Eltern – abgeschlossen.

Erfahrungen der Kindertageseinrichtungen

- Pfiffige Ideen und unkonventionelle Wege ergeben erstaunliche Partnerschaften.
- Mit der Wirtschaft als Partner öffnen sich Türen, die sonst immer verschlossen sind.
- Sozial-Sponsoring ist ein Instrument, das Selbstvertrauen und Image des Kindergartens enorm steigert.

Tipps des Wirtschaftsunternehmens

- Wichtig ist eine gut vorbereitete Präsentation: durchdachte Idee, als Projekt formuliert, auf das Unternehmen zugeschnitten, herausgearbeitete Ansatzpunkte, vordefinierte Aufgaben beider Partner, Informationshintergrund zum Unternehmen und die richtige Einstellung zur Zusammenarbeit mit einem Wirtschaftsunternehmen.

Ansprechpartner für nähere Informationen:
Dokumentation über das Projekt für 15 DM plus Porto zu bestellen bei:
Kindergarten Regenbogen, Gabi Arnold
Jahnstr. 6
74653 Ingelfingen
Tel: 07940/8801

Bürkert Werke GmbH &Co
Personal & Recht
Britta Uhl, Personalmanagement/Öffentlichkeitsarbeit
Christian-Bürkert-Straße 13-17
D-74653 Ingelfingen
Tel.: 07940/10-387, Fax: 07940/10-534
Email: britta.uhl@buerkert.com
Homepage: www.buerkert.com

Christa Zeller
Email: Zeller.Roland.Christa@t-online.de

Projekt: Schaufenstergestaltung im Frisörsalon

Beschreibung der Einrichtung

Der zweigruppige katholische Kindergarten liegt am Stadtrandgebiet in einer Wohnsiedlung in Aalen, wo er als erster Kindergarten in der Stadt Aalen verlängerte Öffnungszeiten eingeführt hat. Diese Veränderung wirkte sich auch positiv auf den Tagesablauf aus und es konnten durch regelmäßige Spaziergänge Kontakte zu den Einwohnern der Siedlung aufgebaut werden.

Projektidee

Drei Häuser neben dem Kindergarten befindet sich ein kleiner Frisörsalon. Immer wieder verglichen die Kinder – und daraufhin auch die Erzieherinnen – die Schaufensterdekoration mit den farbenfrohen Kindergartenfenstern. Es war die Idee der Kinder, die letztendlich zum Projekt führte: „Wenn wir die Schaufenster schmücken würden, dann könnten alle Kunden sehen, wie viel Fantasie und Ideen wir im Kindergarten haben!"

Sponsoring-Entscheidung

Im Team wurde diese Idee der Schaufensterdekoration eingehend diskutiert und die Erzieherinnen wogen kritisch das Für und Wider ab: Soll der Kindergarten immer mehr leisten oder ist das eine Gelegenheit, unsere Arbeit auch einmal anders zu präsentieren.

Projektbeschreibung

Das Vorhaben war schnell konkretisiert: Über einen Zeitraum von zehn Monaten sollten in den Schaufenstern und teilweise im Salon jahreszeitenabhängige Projekte aus dem Kindergartenalltag vorgestellt werden. Ziel war es, einer Teilöffentlichkeit die Arbeit mit den Kindern nahe zu bringen. Konkret wurde eine weihnachtliche Gestaltung, das Thema Dschungel und Wasserwelten festgehalten.

Erste Kontaktaufnahme

Der erste Kontakt mit dem Besitzer des Frisörgeschäftes erfolgte – nicht ganz zufällig – nach einem Spaziergang, als dieser gerade seinen Laden zur Mittagspause verließ. Die Projektidee stieß auf sein Interesse und es wurde für den nächsten Vormittag ein Termin vereinbart.

Vertragsverhandlungen

Gut vorbereitet übernahm die Leitung des Kindergartens das Gespräch. Das Team hatte seine Vorstellungen schriftlich festgehalten, wie Angebot und Zeitaufwand aussehen könnten und welche Gegenleistungen gewünscht waren. Der Träger war von Beginn der Projektüberlegungen an zu jeder Zeit über den Stand der Verhandlungen informiert. Die Leistungen beider Partner wurden schließlich schriftlich festgehalten und vertraglich fixiert.

Leistungen des Kindergartens:

- Der Kindergarten verpflichtet sich, die Schaufenster des Ladens dreimal in einem Abstand von etwa drei Monaten zu dekorieren.
- Die Ausstellungsgegenstände wie bemalte Folien und sonstige kreative Stücke werden im Kindergarten von den Kindern erstellt und vor Ort angebracht.
- Ein Schild des Kindergartens mit Logo und den Unterschriften aller „Künstler", die Preisliste und von der Innung vorgegebene Aushänge werden in das Gesamtbild integriert.

Leistungen des Frisörs:

- Der Frisörsalon übernimmt die Auslagen für das Material der Dekoration. Besondere Farben und Bastelmaterialien konnten so eingesetzt werden.
- Ein festgelegter Geldbetrag für den Kauf eines Holzregals für den Kindergarten.

Durchführung und Reflexion

Die Aktion konnte mit einem für alle Beteiligten sehr erfreulichen Resümee abgeschlossen werden. Der Zeitaufwand für den Kindergarten war relativ gering, da die Aufgabe in die tägliche Arbeit integriert werden konnte. Erzieherinnen und Kinder fanden es interessant, den Frisörsalon auch von innen zu sehen und die neuen Kontakte zu pflegen. Eltern, Bekannte und Nachbarn hatten ein neues Gesprächsthema. Die Freude am Gestalten teilte sich in jedem „Fischchen" mit, das an den Spiegeln im Laden herumschwamm.

Schaufensterplakat zur Sponsoring-Aktion

Diese Schaufenster wurden im Rahmen
eines Sponsoring-Vertrages
von den Kindern und Erzieherinnen des

KINDERGARTEN ST. MICHAEL

Hölderlinstr. 15 73430 Aalen ☎07361/ 34151

gestaltet

Der Frisör besuchte den Kindergarten und berichtete, wie Kunden spontan von ihrer Kindergartenzeit erzählten und mehr über das Projekt erfahren wollten. Beim zweiten Besuch des Frisörs stellte sich auch heraus, dass er selbst als Kind schon in der Einrichtung war. Er war deshalb sehr interessiert an allen Veränderungen, wie längere Öffnungszeiten, neue Gartengestaltung und informierte sich über die verschiedenen Angebote und Aktionen der Einrichtung. Eine positive Begleiterscheinung war der Imagezuwachs des Kindergartens in der Umgebung. Bei den Spaziergängen hat sich der Kontakt zu den Menschen intensiviert, die Nachbarn winken den Kindergartenkindern inzwischen aus den Fenstern zu und freuen sich offenkundig sie zu sehen.

Erfahrungen des Kindergartens

● Auch kleine Projekte haben große Wirkung und liegen oft zum Greifen nah.

Ansprechpartner für nähere Informationen:
Petra Bronner
Fachwirtin für Organisation und Führung im Sozialwesen
Humboldtstr. 5/1
73431 Aalen
Email: pbronner@t-online.de

Projekt: Finanzierung einer familientherapeutischen Fachkraft

Beschreibung der Einrichtung

Die Kindertagesstätte *St. Bartholomäus* ist neben vier gemeindlichen und einem integrativen Montessori-Kindergarten die einzige katholische Einrichtung in der Gemeinde Oberhaching, Ortsteil Deisenhofen. Der Ort mit rund 13.000 Einwohner liegt südlich von München. Er hat trotz des hohen Zuzugs gerade junger, kinderreicher Familien seinen dörflichen Charakter nicht verloren. Hohe Miet- und Eigenheimpreise sind die Gründe dafür, dass bei überdurchschnittlich vielen Eltern beide berufstätig sind. Neben alteingesessenen bayerischen Familien ziehen viele, auch ausländische Familien mit einem hohen Bildungsstand zu.

Die Kindertagesstätte *St. Bartholomäus* bietet in drei Kindergarten-, einer Schulkindergarten- und einer Hortgruppe Raum für insgesamt 111 Kindern im Alter von 3 bis 14 Jahren. Zudem wird der Garten mit Kindern einer Krabbelgruppe im Alter von ein bis drei Jahren geteilt. Neben einer erweiterten Altersmischung ist die Vernetzung mit dem Umfeld ein Schwerpunkt der Arbeit. Die Kindertagesstätte versteht sich als Begegnungsstätte, da viele der zugezogenen Familien nur wenige soziale Kontakte haben. Die pädagogische Grundhaltung ist somit stark familienorientiert.

Projektidee

Einmal jährlich finden sich die Fachkräfte der Einrichtung zu einem pädagogischen Austausch zusammen. Zusätzlich zu einer intensiven Situationsanalyse im Team ermittelt eine Bedarfserhebung die Zufriedenheit der Eltern mit der pädagogischen Arbeit, der Elternarbeit, den Rahmenbedingungen und weitere Anregungen.

Praktische Tipps und Erfahrungen

94

Auch die Kinder werden interviewt. Aus der Diskussion an den Team-tagen und den Ergebnissen der Fragebogenaktion ergab sich ein Bedarf, der über die eigenen Möglichkeiten hinausging: Eine psycho-logisch oder familientherapeutisch ausgebildete Fachkraft, stunden-weise auf Honorarbasis in der Einrichtung beschäftigt, sollte die Arbeit der pädagogischen Fachkräfte unterstützen.

Das Konzept einer partnerschaftlichen Kooperation mit den Eltern und die pädagogische Arbeit am Kind impliziert für die Kin-dertagesstätte, das jeweilige Kind im Zusammenhang mit seinen Lebensbezügen zu beobachten. In Bezug auf das formulierte Ziel „Elternberatung" waren den Mitarbeiterinnen Grenzen gesetzt. Zum einen sind Erzieherinnen und Erzieher in der Regel nicht therapeu-tisch ausgebildet und zum anderen sprengen die oft intensiven Gespräche den zeitlichen Rahmen des pädagogischen Personals.
Eine psychologisch ausgebildete Fachkraft, die regelmäßig in der Ein-richtung anwesend ist, nimmt unsicheren Eltern die Schwellenangst vor dem Besuch einer Beratungsstelle und kann eine vermittelnde Rolle spielen. Dem pädagogischen Personal dient sie als Ansprech-partner/-in in problematischen Situationen, zur Reflexion des eige-nen Verhaltens der Gruppen- oder der Familiensituation. Aufgrund der sozialen Infrastruktur in der Gemeinde wurden thematische Gesprächskreise für Eltern, geleitet von der familientherapeutischen Fachkraft, als zusätzliches, bereicherndes Angebot ins Auge gefasst. Die Kindertagesstätte errechnete aus den üblichen Stundensätzen einen finanziellen jährlichen Aufwand von etwa 17.000 DM.

Sponsoring-Entscheidung

Die Idee war gut, das Anliegen pädagogisch wichtig, doch die Mittel für eine solche Honorarstelle fehlten. Aufgrund früherer positiver Erfahrungen entschloss sich die Kindertagesstätte zum Sozial-Sponsoring. Vor der Entscheidung für ein solches Finanzie-rungskonzept wurden ethisch-moralische und organisatorische Ge-sichtspunkte abgewogen. Zunächst wurde der Träger (die Kirchen-stiftung) mit einbezogen und schließlich der Elternbeirat über das Vorhaben informiert. Die positive Haltung des Elternbeirats wirkte unterstützend auf die skeptische Haltung des Trägers. Wichtig war für alle ein offener Umgang, Austausch über Befürchtungen, Sorgen sowie die Vorteile eines möglichen Sponsorings, der in Gesprächen

mit dem Träger, in Teambesprechungen, Elternbeiratssitzungen und auf Elternabenden oder über Informationsschreiben an die Familien erfolgte.
Bei der Diskussion innerhalb der sozialen Einrichtung wurden weitere Ressourcen offenbar. Eine Kindergartenmutter, als Rechtsanwältin tätig, machte sich kundig über Vertragsformen, eine Steuerberaterin gab weitere Tipps. Ein Mustervertrag wurde gemeinsam mit der Rechtsabteilung der Finanzkammer des Trägers entworfen. Eine Grafikdesignerin aus dem Umfeld der Mitarbeiterschaft erstellte gegen eine Spendenquittung eine professionelle Imagebroschüre. Die Zusammenarbeit förderte den Kontakt zu den Eltern und bezog sie in wichtige Belange der Tagesstättenarbeit mit ein. Dort angesiedelte Kompetenzen unterstützten die professionelle Vorbereitung des Vorhabens. Auch die zuständige Fachberatung war in die Entscheidungsfindung einbezogen. Ein Verantwortlicher der Kindertagesstätte koordinierte das weitere Vorgehen und stand den Firmen als Ansprechpartner zur Verfügung.

Abstimmung mit Träger, Mitarbeitern und Eltern

Nach der Einigung mit dem Träger, den Mitarbeitern und Eltern bedurfte es der Information und Genehmigung weiterer Vorgesetzter. In diesem Fall benötigte die Kindertagesstätte eine schriftlichen Genehmigung der Kirchenstiftung/Kirchenverwaltung. Des Weiteren war die Zustimmung der zuständigen Finanzkammer des Erzbischöflichen Ordinariats notwendig. Das Konzept und das inzwischen erworbene Wissen über steuerliche und rechtliche Aspekte überzeugte die Verantwortlichen. Als Stiftungsaufsichtsbehörde ist ihre stiftungsaufsichtliche Genehmigung erforderlich. Die Finanzkammer bat zusätzlich darum, ein Empfehlungsschreiben des Caritasverbandes zum Sozial-Sponsoring-Projekt einzuholen. Grundsätzlich fand das Anliegen Befürwortung. Der Caritasverband wies in seiner Stellungnahme aber darauf hin, dass die Finanzierung nicht dauerhaft gesichert sei. Es wurde empfohlen, die Eltern darüber zu informieren, dass das Angebot einer psychologischen Beratung eventuell befristet sein kann, falls sich kein nachfolgender Sponsor findet. Ein weiterer Punkt thematisierte den Personalaufwand und man empfahl die Unterstützung z.B. der Eltern (Bildung einer Projektgruppe) zu suchen. Somit waren alle Verantwortlichen in die Grundsatzentscheidung für das Sozial-Sponsoring-Projekt einbezogen. Aufgrund der mangelnden Erfahrungen der Beteiligten mit Sponsoring und der intensiven Abstimmung mit dem Umfeld und übergeordneten Gremien dauerte dieses Prozedere viel länger als zunächst vermutet.

Projektbeschreibung

Mehrmals war die Kindertagestätte gefordert, die Projektidee zu präsentieren. Die konzeptionelle Darstellung des Projekts berücksichtigte alle Adressaten und deren individuelle Belange. Die Projektbeschreibung gab Antwort auf folgende Fragen:

- Was möchte die Kindertagesstätte?
- Wen möchte sie mit ihrem Projekt ansprechen (Zielgruppe)?
- Wo liegen ihre Ziele im zu finanzierenden Projekt?
- Welche Ressourcen benötigt/erwartet sie von einem Sponsor?
- Über welchen Zeitraum erstreckt sich das Projekt?
- Welche Ressourcen kann die Kindertagesstätte aufbringen (Personal, Räumlichkeiten, Zeit, Material, Kontakte)?
- Welche Möglichkeiten zur Gegenleistung hat die Kindertagesstätte und wo liegen Grenzen?

Die Kindertagesstätte suchte nach Möglichkeiten für so genannte steuerunschädliche Gegenleistungen an den Sponsor (z.B. Abbildung des Firmenlogos und Erwähnung des Namens in Konzeption, Handzetteln, Informationsbroschüren, Kindergartenzeitung, kleine Hinweistafel bei Festivitäten, Erwähnung in Presseartikeln). Die vereinbarten Leistungen wurden im Mustervertrag schriftlich festgehalten. Ein Konzept für die Öffentlichkeitsarbeit der Kindertagesstätte erleichterte es, mit möglichen Sponsoren in Verhandlung zu treten, da die Firmen schließlich die positive Außenwirkung der Einrichtung für ihre Unternehmenskommunikation nutzen möchten. Eine Imagebroschüre stellte möglichen Sponsoren das Profil und die Vorzüge der Kindertagesstätte dar. Kurz und prägnant war die Projektidee und das Anliegen *Wir brauchen Ihr Unternehmen als Partner* skizziert.

Auswahl des Sponsors, der Sponsoren

Für die Auswahl möglicher Sponsoring-Partner sammelte die Kindertagesstätte Broschüren von Firmen, achtete auf Berichte und Anzeigen in Zeitungen. Die Unternehmen sollten in ihrem Leitbild und der Werbestrategie zu den pädagogischen und weltanschaulichen Vorstellungen der Kindertagesstätte bzw. des Trägers passen.

Beispiel Imagebroschüre

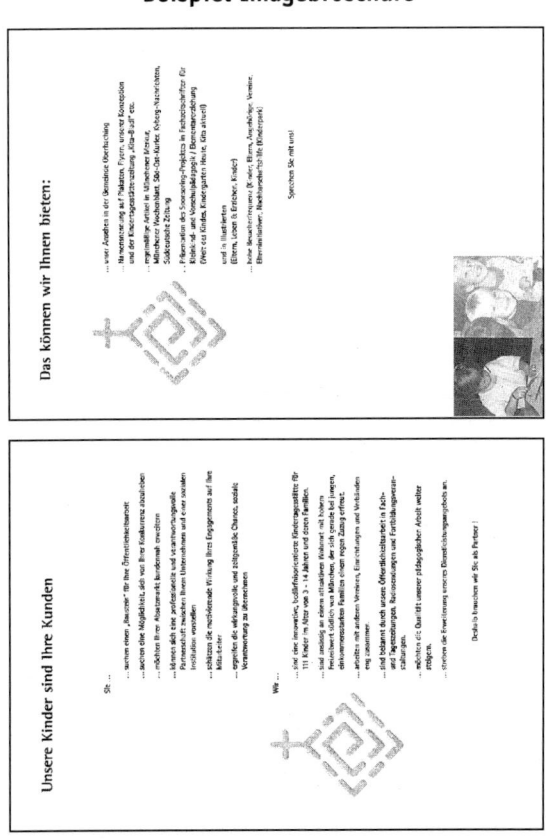

Da das Projektziel Familien- und Erziehungsberatung ein sehr sensibles Thema für die Eltern ist, entschied sich die Kindertagesstätte z.b. gegen einen kleineren ortsansässigen Betrieb, um zu vermeiden, dass durch die Nähe zu einem Kleinbetrieb ein Abhängigkeitsgefühl bei den Eltern entsteht. Ein größeres Unternehmen, vielleicht mit einer örtlichen Filiale, erschien günstiger, um eine gewisse Anonymität für die Zielgruppe zu wahren. Die Höhe der Kosten für eine zusätzliche Fachkraft sprach zudem gegen einen Kleinbetrieb.

Erste Kontaktaufnahme

Die Einrichtung richtete zunächst schriftliche Anfragen an die Firmen. Über die Telefonzentrale oder bestehende Kontakte bekam sie Informationen über den richtigen Ansprechpartner. Die Anfrage bestand aus folgenden Teilen:
- Persönliches Anschreiben
- Imagebroschüre
- Projektbeschreibung
- Kopien von Zeitungsberichten über gelungene Aktivitäten

Die telefonische Nachfrage erfolgte drei bis vier Tage später. Ein vorbereiteter Telefonleitfaden mit Fragen, den eigenen Zielen und Argumenten sowie Raum für Notizen, hat sich als günstig erwiesen. War ein Unternehmen an einem Sponsorship interessiert, fand ein persönliches Gespräch mit Kindertagesstätte/Träger und dem Unternehmen statt. Nach mehreren erfolglosen Versuchen stand die Kindertagesstätte bei der Drucklegung dieses Buches mit zwei Firmen in konkreten Verhandlungen. Diese Verbindungen kamen über persönliche Kontakte zustande.

Bisherige Reflexion

Der bisherige Weg zum Sponsorship war arbeitsaufwendig und zeitintensiv. Dazu trugen die notwendigen grundsätzlichen Überlegungen der Finanzkammer sowie das Einholen der anderen Empfehlungen bei. Die Erfahrungen, die bisher gesammelt wurden, waren für die Einrichtung wertvoll und bereichernd. Das Interesse der Eltern ist groß und wir finden nach wir vor Unterstützung. Die Kindertagesstätte *St. Bartholomäus* hat ein Ziel vor Augen, das sie realisieren möchte – letztlich zum Wohl der Kinder.

Erfahrungen der Kindertageseinrichtung

- Sachleistungen sind einfacher zu bekommen als reine Geld-leistungen.
- Bei umfangreicheren Projekten ist ein Exklusivsponsor schwierig zu finden, der Weg über mehrere Sponsoren und Spendern ist einfacher.

Ansprechpartner für nähere Informationen:
Kindertagesstätte St. Bartholomäus, Astrid Abou-El-Ela
Ödenpullacherstr. 23
82041 Deisenhofen
Tel.: 089/6133588

Ideenkatalog für Sponsoring-Partnerschaften

Der folgende Ideenkatalog mag als Anstoß dienen, eigene Sozi-al-Sponsoring-Projekte und Partnerschaften mit Unternehmen zu initiieren. Die vorgestellten Ideen sind nur Ansätze und können weiterentwickelt und auf die eigenen Situation hin adaptiert wer-den. Das Schema kann auch als Grundlage dazu dienen, im Team eigene Vorschläge und Ideen zu kreieren.

Tipp zur Ideenentwicklung

Schreiben Sie das Grundschema auf ein großes Stück Papier und hängen dieses an einen für alle Beteiligten zugänglichen Ort, so dass spontane Ideen gleich eingetragen und gegebe-nenfalls von Kolleginnen und Kollegen oder auch Eltern ergänzt werden können.

Ideenkatalog für Sponsoring-Projekte

Projekt *Knirpse und die Computer-Maus*	
Situation	Computerspiele sind umstrittenes Thema im Kindergarten.
Projektidee	Auf Computerentdeckungsreise gehen: Hardware auseinander nehmen, Softwareanwendungen kennen lernen, Computer-Arbeitsplätze besuchen (z.B. Eltern, Sponsor, Träger) ...
Zielbestimmung	Vorschulkindern einen sinnvollen Umgang mit einer neuen Technologien nahe bringen
Mögliche Sponsoren	Softwarefirmen, Banken, Versicherungen, sonstige Firmen, die mit Computern arbeiten
Leistungsprofil	Pressearbeit, Kinder entwickeln Computerbilder für Weihnachtskarten an Geschäftskunden, Dokumentation des Projektes für eine Ausstellung in Geschäftsräumen und Kita
Leistungserwartung	zwei funktionsfähige Computer mit Drucker, Hardware zum Auseinandernehmen, Betreuung des Computers für ein Jahr
Projekt *Garten der Sinne*	
Situation	Der Garten bedarf einer Renovierung und Anpassung an die Bedürfnisse der Kinder.
Projektidee	Planen mit den Kindern: „Wie stelle ich mir meinen Traumgarten vor?", Modelle erstellen, Ausflüge zu Spielplätzen, Gärten und Parks, Landesgartenschau, Dokumentation der Ausflüge, Blumentopffest, Baumprojekt ...
Zielbestimmung	Den Garten nach ökologischen und pädagogischen Gesichtspunkten umgestalten
Mögliche Sponsoren	Architektenbüro, Landschafts- und Gartenbaubetriebe, Baufirmen aller Art z.B. Holzfirmen, Schreinerei, Maschinenbau, Ökologische Betriebe, Blumengeschäft, Banken u.a.

Leistungsprofil	Pressearbeit, Bereitstellen der entstandenen Modelle für die Sponsoren, Darstellen der Sponsoren auf einem „Sponsorenbaum", Erwähnung der Sponsoren mit Plaketten auf Spielgeräten
Leistungserwartung	Geldmittel, Sachmittel in Form von Materialien, Gerätschaften, personelle Hilfeleistung hinsichtlich Beratung und Planerstellung für die Umgestaltung

Projekt *Gestaltung eines Messestandes auf einer Gewerbeschau*

Situation	Bei einer Gewerbemesse stellen sich die Betriebe und Firmen der Region/Stadt dar.
Projektidee	Arbeitsumfeld der Eltern, verschiedene Berufe oder/und Stadterkundung als vorbereitendes Projekt. Besuch von Firmen und Betrieben. Thema mit weiteren Begleitaktivitäten ausarbeiten, z.B. Film drehen, Kinder interviewen die Firmenleitung ...
Zielbestimmung	Öffentlichkeitsarbeit – Transparenz von projektorientierter Kindergartenarbeit
Mögliche Sponsoren	An der Gewerbemesse beteiligte Firmen und Betriebe, Gewerbeverein
Leistungsprofil	Projektablauf und -ergebnisse in bildlicher Dokumentation festhalten und auf der Messe mit den Logos der beteiligten Firmen präsentieren. Kinderprogramm während der Messe. Film und Interviewergebnis präsentieren.
Leistungserwartung	Übernahme der Materialkosten, Standkosten, Präsente am Stand, Sachausstattung für Ausstellung wie z.B. Präsentationswände, Standausstattung. Die Firma/Firmen weisen mit einem Preisausschreiben auf den Stand des Kindergartens hin und umgekehrt.

Glossar

Altruismus: Uneigennützige Denk- und Handlungsweise, Nächsten-liebe

Akquisition: Das Beschaffen oder Anwerben unterschiedlichster Formen von Leistungen (Sachleistungen, Personelle Unterstützung/ Dienstleistungen oder monetäre Leistungen)

Corporate Identity: Ein in sich stimmiges und lebendiges Erschei-nungsbild einer Organisation mit unverwechselbarem Profil. Dies drückt sich im Verhalten (Corporate Behavior und Communication), im Denken und im Tun (Corporate Activity) und in der optischen Prä-sentation (Corporate Design) aus.

Drittmittelfinanzierung: Soziale Einrichtungen finanzieren sich normalerweise aus zwei Bereichen: Beiträge der Mitglieder (in unse-rem Falle der Eltern) und öffentliche Mittel der Träger (meist gesetz-lich geregelt, z.B. durch Finanzierungsgrundlagen in den verschie-denen Kindergartengesetzen/Richtlinien der Länder). Diese müssen die eigentlichen Kosten abdecken. Drittmittel sind zusätzliche Geld-quellen, die die Basisfinanzierung nicht in Frage stellen dürfen.

Event: Eine Veranstaltung oder ein Ereignis, das von Unternehmen als Kommunikationsmaßnahme für ihre Zielgruppe inszeniert wird. Dabei schwingen sehr subjektive Inhalte wie Erlebnis, Einmaligkeit und Sensation mit.

Image: Ein subjektives Gesamtbild, das sich eine Person oder Per-sonengruppe von einem Objekt (Produkt oder Firma) macht.

Kommunikationsmix: Im Kommunikationsmix setzt ein Unterneh-men verschiedene Instrumentarien für den Absatz der Ware oder der Dienstleistung ein. Dazu zählen die klassische Werbung, Public Rela-tion (Öffentlichkeitsarbeit) und Sales Promotion (Verkaufsförderung wie z.B. die attraktive Platzierung der Ware in einem Geschäft). Zu den neueren Instrumenten zählt das Sponsoring oder auch der Event.

Marketing: Die Bündelung aller Maßnahmen wirtschaftlicher Unternehmen, um den Erfordernissen des Absatzmarktes – also der Kunden – gerecht zu werden.

Mäzen: Ein Gönner oder eine Gönnerin, der oder die für eine Unterstützung keine Gegenleistung erwartet.

Monetäre Leistung: Finanzielle, also reine Geldleistung

Non-Profit-Organisationen (NPO): Organisationen ohne Erwerbszweck und Gewinnerzielungsabsicht

Sponsorship: Vertraglich abgesicherte Vereinbarung zwischen Sponsorpartnern

Sozial-Marketing: Die Planung, Organisation, Durchführung und Kontrolle aller Strategien und Aktivitäten von sozialen Organisationen, die direkt oder indirekt auf die Lösung der sozialen Aufgaben gerichtet sind.

Zielgruppe: Der Personenkreis, den man ansprechen möchte.

Adressen

UPJ-Servicebüro Hamburg (Unternehmen: Partner der Jugend)
c/o Peter Kromminga, Silke Maddey, Verband Kinder- und Jugendarbeit Hamburg e.V., Altonaer Str. 34, 20357 Hamburg, Tel.:
040/434272, Fax: 040/434284, Email: 040434274@t-online.de
Zusammenschluss von professionellen Jugend- und Beratungspro-
jekten aus zehn Bundesländern mit regionalen Servicebüros für
Jugendprojekte und Unternehmen. Liste von Unternehmen, die
sich im sozialen Bereich engagieren, und Kontaktadressen für einzelne Bundesländer.

Bundesministerium für Familie, Senioren, Frauen und Jugend
Referat 421, Rochusstr. 8–10, 53123 Bonn, Tel.: 0228/930-0,
Fax: 0228/930-2221
Dokumentationen von Projekten, Arbeitshilfen und sonstige Schrif-
tenreihen zum Thema. Eine Liste der kostenlosen Publikationen
kann angefordert werden.

Bundesvereinigung Kulturelle Jugendbildung (BKJ)
Küppelstein 34, 42857 Remscheid, Tel.: 02191/794390,
Fax: 02191/794389
Dokumentationen und Arbeitshilfen zum Themenbereich kulturelle
Jugendbildung.

Bundesverband Deutscher Stiftungen
Alfried-Krupp-Haus, Binger Str. 40, 14197 Berlin,
Tel.: 030/897947-0, Fax: 030/897947-11,
Email: bundesverband@stiftungen.org

Deutsche Stiftungsakademie, Bundesverband
Adenauerallee 15, 53111 Bonn, Tel.: 0228/2180
Geschäftsführer: Dr. Ch. Mecking; Homepage: www.stifterverband.de

ESB – Europäische Sponsoring-Börse
ESB Marketing Consult AG, Postfach 519, Ch-9001 St. Gallen,
Email: esb@spectraweb.ch, Homepage: www.esb-online.com

Fachverband Sponsoring und Sonderwerbeformen
Claus-Ferck-Str. 5, 22359 Hamburg,
Tel.: 0 40/60 95 08 33, Fax: 0 40/60 95 08 34,
Email: faspo@debitel.net

Bundesarbeitsgemeinschaft Sozialmarketing (BSM) Deutscher Fundraising Verband e.V.
Postfach 50 05 50, 60394 Frankfurt, Tel.: 0 69/95 73 30 70,
Fax: 0 69/95 73 30 71, Email: info@sozialmarketing.de.
Homepage: www.sozialmarketing.de

Deutscher Spendenrat e.V. (DSR)
Simrockallee 27, 531743 Bonn, Tel.: 02 28/9 35 57-28,
Fax: 02 28/9 35 57-99, Email: rabeder@t-online.de

Deutsches Spendeninstitut Krefeld (DSK)
Dießemer Bruch 150, 47805 Krefeld, Tel.: 0 21 51/55 57 50,
Fax: 0 21 51/51 14 48, Email: info@dsk.de

Deutsches Zentralinstitut für soziale Fragen (DZI)
Bernadottestr. 94, 14195 Berlin, Tel.: 0 30/83 90 01-0,
Fax: 0 30/83 14 75 0, Email: sozialinfo@dzi.de

NonProfit Verlag & Service
Bezugsadresse Postfach 1455, 74304 Bietigheim-Bissingen,
Tel.: 0 71 42/98 09 07, Fax: 0 71 42/98 09 11,
Email: happes@nonprofit.de Zeitschriften und Literaturliste auf
dem Non-Profitsektor

Maevenata Institut für Dritter-Sektor-Forschung GmbH
Asternplatz 2a, 12203 Berlin. Verlag: Maecenate Verlag, Barer Str. 44,
80799 München. Webside: www.maecenata.de

DLRG Bundesgeschäftsstelle
Stichwort: DLRG im Kindergarten, Im Niedernfeld 2, 31542 Bad
Nenndorf

Literatur

Die fett gedruckten Literaturhinweise sind für das Thema besonders empfehlenswert.

Literatur zum Thema Fundraising / Sponsoring

Bortoluzzi Dubach, Elisa/Frey, Hansrudolf: Sponsoring. Der Leitfaden für die Praxis. Bern/Stuttgart/Wien. Haupt Verlag 1997

Brockes, Hans-Willy (Hrsg.): Leitfaden Sponsoring & Event-Marketing. Loseblatt-Ausgabe. Düsseldorf. Raabe Verlag, Grundwerk 1995

Burens, Peter-Claus: Der Spendenknigge. Erfolgreiches Fundraising für Kultur, Sport, Wissenschaft, Umwelt, Soziales. München. Beck Verlag 1998

Bruhn, Manfred/Dahlhoff, Dieter (Hrsg.): Sponsoring für Umwelt und Gesellschaft. Neue Instrumente der Unternehmenskommunikation. Beiträge zum Sponsoring im sozialen und ökologischen Bereich. Bonn. BDW Service- und Verlagsgesellschaft 1990

Bruhn, Manfred: Sozio- und Umweltsponsoring. Engagements von Unternehmen für soziale und ökologische Aufgaben. München. Franz Vahlen Verlag 1990

Bruhn, Manfred: Sponsoring. Unternehmen als Mäzene und Sponsoren. Wiesbaden. Gabler Verlag [3]1997

Haibach, Marita: Fundraising. Spenden, Sponsoring, Stiftungen. Ein Wegweiser für Vereine, Initiativen und andere Nonprofit-Organisationen. Frankfurt/Main. Campus Verlag [3]1997

Hatscher, Sabine: Kollekten Spenden Sponsoring. Wie Kirchengemeinden zu mehr Geld kommen. Stuttgart. Quell Verlag 1998

Hermann, Arnold: Sponsoring. Grundlagen, Wirkung, Management, Perspektiven. München. Franz Vahlen [2]1997

Kirchberg, Volker/Reibestein, Bernd: Social Sponsoring in Deutschland. München. Maecenata Verlag 1999

Kolarz-Lakenbacher, Josef/Reichlin-Meldegg, Georg: Sponsoring. Chancen, Möglichkeiten und Risiken eines Kommunikationsinstruments. Wien. Orac Verlag 1995

Lang, Reinhard / Haunert, Friedrich: Handbuch für Sozial-Sponsoring. Grundlagen, Praxisbeispiele, Handlungsempfehlungen. Weinheim/Basel. Beltz Verlag 1995

Luthe, Detlef: Fundraising als beziehungsorientiertes Marketing. Entwicklungsaufgaben für Nonprofit-Organisationen. Augsburg. Maro Verlag 1997

Mayer, Wolfgang: Sponsorig Explorer. Das Logbuch für neue Finanzierungsquellen. Kooperation Jugendarbeit & Wirtschaft. Münster. Votum Verlag 1999

Mitarbeiter Journal. Ausgaben: Dezember 1996/8, April 1997/9, August 1997/8, Dezember 1998/14, August 1999/16, Ingelfingen: Bürkert Fluid Contoll Systems

Schiewe, Kirstin: Sozial-Sponsoring, ein Ratgeber. Freiburg. Lambertus Verlag [2]1995

Schwickerath, Peter / Witt, Gudrun: Regional-Sponsoring. Hamburg. Ipsos Deutschland 1998

Schwickerath, Peter / Witt, Gudrun: Kindergarten-Sponsoring 2001. Grundlagenstudie (Repräsentative Bevölkerungsumfrage). Hamburg. Ipsos Deutschland 2001

Strahlendorf, Peter (Hrsg): Jahrbuch Sponsoring 2000. Hamburg. Verlag für Marketing und Kommunikation 2000

Urselmann, Michael: Fundraising. Erfolgreiche Strategien von führenden Nonprofit-Organisationen. Bern/Stuttgart/Wien. Haupt Verlag [2]1999

Walliser, Björn: Sponsoring. Bedeutung, Wirkung und Kontrollmöglichkeiten. Wiesbaden. Gabler Verlag 1995

Weiand, Neil Georg: Der Sponsoring-Vertrag. Beck'sche Musterverträge Band 26. München. Beck Verlag 1995

Zeller, Christa: Soziales und Wirtschaft. Eine starke Partnerschaft. Ein Kindergarten und ein Unternehmen machen mit einer gemeinsamen Ausstellung Erfahrungen in Sozial-Sponsoring. Ingelfingen 1998. Bestelladresse: Kindergarten Regenbogen, Jahnstr. 6, 74653 Ingelfingen, Tel.: 0 79 40 / 88 01

Literatur zu Öffentlichkeitsarbeit und Pädagogik

Akademie Remscheid (Hrsg.): Dialog der Generationen. Projekte und Medientipps von erfolgreichen Agenten. Remscheid 1997. Bestelladresse: Bundesministerium für Familie, Senioren, Frauen und Jugend, Referat 421, 53107 Bonn

Becker-Textor, Ingeborg: Kindergarten 2010. Traum-Vision-Realität. Freiburg. Herder Verlag 21994.

Bundesvereinigung Kulturelle Jugendbildung e.V. (Hrsg.): Öffentlichkeitsarbeit. Nur das Sahnehäubchen auf dem Kaffee? Schriftenreihe der Bundesvereinigung Kulturelle Jugendbildung, Band 32. Remscheid 1995. Bezugsadresse: Bundesvereinigung Kulturelle Jugendbildung, Küppelstein 34, 42857 Remscheid Tel.: 0 21 91 / 7 94-3 90, Fax: 0 21 91 / 7 94-3 89

Caritasverband der Erzdiözese München und Freising e.V. (Hrsg.), Kommunikation von Non-Profit-Organisationen. München. Don Bosco Verlag 1997

Christliches Jugenddorf Deutschland CJD (Hrsg.): Vorteile Vorurteile Urteile. Ein Handbuch zur Öffentlichkeitsarbeit. Das Gespräch zwischen Jung und Alt- ein aktuelles Thema für die soziale Arbeit. Eberbach ³1999. Bestelladresse: Bundesministerium für Familie, Senioren, Frauen und Jugend, Referat 421, 53107 Bonn

Hartmann, Martin / Funk, Rüdiger / Nietmann, Horst: Präsentieren. Präsentationen: zielgerichtet und adressatenorientiert. Weinheim/Basel. Beltz Verlag ⁴1998

Jansen, Frank / Wenzel, Peter: Von der Elternarbeit zur Kundenpflege. Kindertageseinrichtungen auf dem Weg zu Dienstleistungsunternehmen. München. Don Bosco Verlag ²2000

Krenz, Armin: Handbuch Öffentlichkeitsarbeit. Professionelle Selbstdarstellung für Kindergarten, Kindertagesstätte und Hort. Freiburg. Herder Verlag ³1997

Sand, Hermann / Schober-Schmutz, Brigitte: Public Relations für soziale Unternehmen. Grundlagen, Checklisten, Beispiele. Stuttgart. Raabe Verlag 1999

Theorie und Praxis der Sozialpädagogik TPS (Hrsg.): Öffentlichkeitsarbeit in der Kindertagesstätte. Schreiben, reden, darstellen. Erzieherinnen werben für ihre Arbeit. Extra Heft Nr. 30. Kallmeyersche Verlagsbuchhandlung GmbH

Textor, Martin: Projektarbeit im Kindergarten. Planung, Durchführung und Nachbereitung. Freiburg. Herder Verlag ²1995

Beiträge in Zeitschriften

Angenendt, Christine: Das Sponsoring-Klima 1998. In: Jahrbuch Sponsoring 99: Peter Strahlendorf (Hrsg.), Hamburg. Verlag für Marketing und Kommunikation, 1999, S. 32–38

Brockes, Hans-Willy: Nutzen und Perspektiven regionaler Sponsoring-Aktivitäten. In: Stiftung Sponsoring, Heft 2/1999, S. 35–36

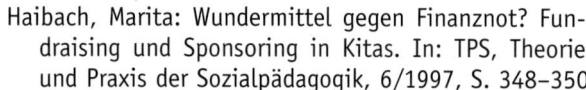

Haas, Hanns-Stephan: Viel Geld gegen Image. Sozial-Sponsoring ist ein Geschäft auf Gegenseitigkeit. In: Diakonie 2, Magazin für Führungskräfte. 4/2000, S. 18

Haibach, Marita: Betteln will gelernt sein. In: Welt des Kindes, 4/1999, S. 13–16

Haibach, Marita: Wundermittel gegen Finanznot? Fundraising und Sponsoring in Kitas. In: TPS, Theorie und Praxis der Sozialpädagogik, 6/1997, S. 348–350

Hartwig, Helmut Andreas: Geben und Nehmen mit System. Stiftung Sponsoring, 6/1998, S. 27–28

Kultschytzki, Andreas: Wie wirkt Sozio-Sponsoring. In: Leitfaden Sponsoring & Event-Marketing 1999

Kottnik, Klaus-Dieter / Hunold, Michael Heinrich / Dithmar, Christiane: Keine Chance fürs Tagesgeschäft? Expertengespräch zu Sozial-Sponsoring. In: Diakonie 2, Magazin für Führungskräfte. 4/2000, S. 10–14

Laubig, Andreas: Standortbezogenes Sponsoring. In: Stiftung Sponsoring, 2/1999, S. 37–39

Luthe, Detlev: Der Lockruf des Geldes. Fundraising in Wohlfahrtsverbänden. In: Diakonie 2, Magazin für Führungskräfte, 4/2000, S. 6–9

Münzenloher, Inge: Jede Reise beginnt mit dem ersten Schritt. Sozial-Sponsoring: Kindergärten als Werbeträger. In: Welt des Kindes 2/1998, S. 18–21

Weber, Kurt / Herrmann, Mathias: Kundenorientierung im Kindergarten? Eine neue Sichtweise auf Eltern, Kinder und Einrichtungen. In: Welt des Kindes 4/2000

Wiese, Heidi: Kinder sind die besten Imageträger. In: Stiftung Sponsoring, 2/1998, S. 39–40

Willmanns, Rainer: In Zukunft ist mehr Biss gefragt. Kindergärten im Wettbewerb. In: Welt des Kindes, 6/1999, S. 12–14

Zeller, Christa: Wie finanzieren wir ein Projekt? Erfahrungen mit Sozial-Sponsoring. Kindergarten Heute 4/2000

Zeller, Christa: Niemand zahlt nur für eine gute Idee. Ein Kindergarten entdeckt Sozial-Sponsoring. In: Welt des Kindes, 4/1999, S. 17

Zeller, Christa: Soziales und Wirtschaft – eine starke Partnerschaft. Kindergärten und Wirtschaftsunternehmen wachsen gemeinsam in ein Sozial-Sponsoring-Projekt. In: KiTa spezial, Sonderausgabe Nr. 3/2000, S. 23–26

Zimmer, Jürgen: The best Capital is a good Idea. Das Unternehmen Kindergarten. In: Welt des Kindes, 2/1997, S. 26–31

Profilentwicklung und Angebotserweiterung in der Kindertageseinrichtung

Reihe: Kindertageseinrichtungen konkret – Strategien für Ihren Erfolg; hrsg. von Frank Jansen

104 Seiten, Schaubilder, kartoniert
ISBN 3-7698-1238-7

Bruno Bongard / Franz Schwarzkopf

Viele Ideen – ein Profil

Methoden der Leitbildentwicklung und Zielbestimmung für engagierte Teams

Die Frage nach dem Selbstverständnis der eigenen Einrichtung beschäftigt viele Teams. Die Autoren zeigen konkrete Schritte auf, wie Kindergartenteams gemeinsam Visionen entwickeln und ein Leitbild konzipieren können, um auf dieser Basis Ziele für die pädagogische Praxis festzulegen.

88 Seiten, Schaubilder, kartoniert
ISBN 3-7698-1237-9

Peter Erath / Claudia Amberger

Vom Kindergarten zum Kinderhaus

Bedarfsgerechte Weiterentwicklung in acht Schritten

Das Kinderhaus-Konzept als neue Organisationsform ist eine Antwort auf veränderte Bedarfslagen und steht als Synonym für Angebotserweiterung und für die Öffnung der Kindertagesstätten für neue Zielgruppen. Die Autoren erläutern, wie dieses zukunftsweisende Konzept Schritt für Schritt in die Realität umgesetzt werden kann.

Die Kunst, überzeugend zu reden

112 Seiten, Schaubilder,
kartoniert
ISBN 3-7698-1296-4

Petra Lachnit

Sicher reden – anschaulich präsentieren

Erfolgreiche Vortrags- und Visualisierungstechniken für die Kita-Praxis

Bei Elternabenden, Teamsitzungen oder Kinderkonferenzen kommt es auf gekonntes Reden an. Petra Lachnit liefert das notwendige rhetorische Handswerkszeug für die Vorbereitung und Durchführung eines Vortrags. Tipps zur Visualisierung der Inhalte und zum Einsatz geeigneter Medien gewährleisten eine gelungene Präsentation.

Damit das Praktikum gelingt

112 Seiten, kartoniert
ISBN 3-7698-1295-6

Hermann-Josef Schlicht

Das Praktikum in der Ausbildung

Tipps und Hilfen für angehende Erzieherinnen

Dieser Leitfaden unterstützt angehende Erzieherinnen bei der Wahl der Praktikumsstelle und gibt Tipps zur Erkundung des Arbeitsplatzes, zur Zusammenarbeit mit Kindern, Kolleginnen und der Praktikumsanleiterin. Viele praktische Übungen helfen Praktikantinnen bei den ersten beruflichen Gehversuchen im pädagogischen Alltag.